자신의 삶에 귀 기울이는

오늘을 살아가기를

마음을 다해 기원합니다.

_____

_____

교사의
삶을 담는 작은
글그릇

천경호

'행학의 이도에 힘쓸지어다. 행학이 끊어지면 불법은 없느니라'는 구절대로 매일
한 쪽의 책을 읽고, 한 줄의 글을 쓰고, 한 번의 운동을 하고, 하나의 좋은 일을 실천
하려고 노력한다. 보이지 않는 곳에서 노고하시는 분들의 고마움을 알기 위해 여러
매체를 통한 다양한 사람들의 목소리에 귀 기울이려고 애쓴다. 타인의 노고를 기억
할수록 타인을 존중할 수 있다고 생각한다. 배움의 목적이 한 사람을 소중히 여기
는 사회를 만드는 데 있으며, 학문이 진보하는 이유도 같은 까닭이라고 믿는다. 모
든 아이가 한 사람을 소중히 여기는 삶을 살아가길 바라는 마음으로 교사로서 가르
치는 학생을 함께 살아가는 벗으로 대하려 한다.

지은 책으로 《리질리언스》, 《날마다 조금씩 자라는 아이들》, 《마음과 마음을 잇는
교사의 말공부》, 《아빠의 말공부》, 《아이와 세상을 잇는 교사의 말공부》가 있다. 함
께 쓴 책으로 《교사직썰#승진》, 《교사, 교육개혁을 말하다》, 《사라진 교사를 찾습니
다》, 《대한민국 교육트렌드 2022》가 있다.

교사의 삶을 담는 작은 글그릇

초판 1쇄 발행 2022년 1월 28일

지은이 / 천경호

발행 / 케렌시아
인쇄 / (주)다해씨앤피
일원화 구입처 / 031-407-6368 (주)태양서적
등록 / 2021년 11월 18일 (제386-2021-000096호)
이메일 / niceheo76@gmail.com

ISBN 979-11-976811-1-0 (03370)

교사의

삶을 담는 작은

글그릇

천경호 지음

케렌시아

시작하며

글을 쓴다는 건 자신의 생각을 문자로 표현하는 것을 말한다. 대학을 졸업하고 임용시험을 치른 후에 교단에 섰다. 매일 혼자서 20~30명의 아이와 정신없이 하루를 보내다 보면 하루, 한 주, 한 달, 일 년을 어떻게 살아왔는지 모른 채 지나쳐 버리기 일쑤다. 나는 어떤 교사인지, 아니 어떤 사람인지 돌아볼 여유도 없이 그저 하루를 보낸다. 생각 없이 보낸 하루하루가 내 인생을 채워가고 있다고 생각하면 가슴이 서늘하다. 하지만 그보다 더 오싹한 건 내가 어디를 향해 나아가고 있는지 모른다는 것이 아닐까 싶다.

스무 살부터 나 자신과 한 약속이 하나 있다. 매일 한 쪽의 책을 읽는 것이다. 어릴 적 읽은 『인간혁명』이란 책에 '어제까지 책을 읽지 않던 사람이 오늘 한 쪽의 책을 읽으면 그것이 바로 성장이고 인간혁명'이라는 글이 있었다. 매일 한 쪽이라니. 어렵지 않은 목표였다. 매일 책을 읽기 위해 책을 가방에 넣고 다녔고 왕복 4시간이 넘는 통학 거리와 대중교통은 나에게 책 읽을 시간과 공간을 마련해주었다.

책을 읽고 공책에, 싸이월드에, 블로그에 조금씩 기록해두었다. 하지만 책을 읽고 든 생각이나 느낌을 바로 적으려면 공책이나 컴퓨터가 필요했고, 따라서 생각이나 느낌을 글로 적기란 여간 번거로운 일이 아니었다. 그러다 스마트폰이 나타나고 페이스북이 생겼다. 아무도 보지 않는 공간에 한 줄, 두 줄 내 생각과 느낌을 쓰기 시작했다. 그때부터인 것 같다. 매일 한 줄 글쓰기를 한 것이.

마음에 드는 문장을 옮겨 적고 그에 대한 내 생각을 조금씩 덧대어 갔다. 노래 가사에도 드라마나 영화 혹은 예능 프로그램에도 가슴을 울리는 말이 많았다. 그 말들을 옮겨 적으며 곱씹고 내 생각을 덧붙이다 보니 마치 작가들과 내가 대화를 하는 듯하다는 생각이 늘었다. 작가와 내가 서로 다른 시공간에 존재함에도 다양한 매체 속에서 낯선 타인을 만나 대화를 나누는 느낌. 어떤 때는 캄캄한 내 마음 한켠에 가로등이 하나둘 켜지기도 하고, 또 어떤 때는 켜진 불이 꺼지기도 했다. 암담한 현실을 있는 그대로 그려놓은 이야기에는 답답함을, 그런 현실 속에서 고군분투하며 빛을 밝히는 목소리에는 목마름이 해소되는 느낌을 얻었다.

매일 읽고 매일 썼다. 고작 한 쪽일 때도 있고, 겨우 한 줄일 때도 많았다. 중요한 건 매일 다른 이의 목소리에 귀를 기울이고 글을 쓴다는 그 행위 자체였다. 누가 뭐라 해도 매일 한 쪽의 책을 읽고 한 줄의 글을 쓰는 사람이라면 나는 나를 책 읽는 사람, 글 쓰는 사람이라고 부를 수 있다. 볼튼(Bolton)과 그의 동료들은 자신이 작성한 글을 다른 사람에게 공개하지 않는다고 해도 글을 썼다는 행위 자체가 치료행위라고 하였다(Bolton, Howlett, Lago, & Wright, 2004). 샌크와 콘웨이(Csank & Conway, 2004)는 자신의 내적 상태나 문제를 깊이 생각하고 이해하는 과정을 자기 성찰이라고 하였다. 타인의 이야기에 귀를 기울이고 그 이야기에 내 생각을 덧붙이는 과정이 대화라면, 대화가 곧 나를 치료하고 내 문제를 깊이 생각하고 이해하게 만들어준 것이 아닐까?

타인의 이야기를 통해 내 생각이나 나의 문제를 들여다본다. 다양한 매체를 통해 나의 세계관과 인간관을 비추어보고 수정해 간다. 내가 얼마나 부족한 사람인지 글을 쓰며 확인한다.

듀이(Dewey, 1933)는 성찰에 관한 지식이나 기술보다 성찰 습관을 발달시키는 것이 더욱 중요하다고 했다. 매일 한 쪽의 책을 읽고, 매일 한 줄의 글을 쓰는 습관. 이 얼마나 간단하고 쉬운 습관인가. 혹시나 누가 볼까 두려워하지 않아도 된다. 맞춤법과 띄어쓰기 같은 문법을 생각할 필요도 없다. 그저 떠오르는 생각과 느낌을 자유롭게 적기만 하면 된다.

> 미래에 관한 한 그대의 할 일은 예견하는 것이 아니라 그것
> 을 가능케 하는 것이다.
>
> (Your task is not to foresee the future, but to enable it.)

생텍쥐페리의 이 문장을 읽을 때마다 가슴이 뛴다. 교육이 해야 할 일을, 교사가 해야 할 일을, 어른이 해야 할 일을 알려주는 것 같아서. 아이 한 명 한 명이 삶의 마지막까지 자기 삶을 가장 빛나게 살아가도록 돕는 일이 바로 교육이고 교사인 내가 해야 할 사명인 것 같아서.

교사로서 '한 아이도 빠짐없이 성장한다'는 신념을 부정하고 싶은 순간이 올 때가 있다. 어쩌면 아무리 노력해도 안 되는 아이가 있는 것은 아닐까 싶은 때가 있다. 그때마다 훌륭한 사람들의 좋은 생각이 말과 글로 다가온다. 그들의 진실한 마음에 내 마음을 비춰본다. 그것이 내가 생각한 '글 그릇'이었다. 왜 글 그릇일까? 글쓰기 교육과 토론 교육으로 탁월하신 이영근 선생님은 매일 아이들과 함께 자신의 생각이나 느낌을 줄글로 쓰는 글똥누기 활동을 하신다. 선생님께서 아이들과 함께 매일 글똥을 누는 장면을 그려보다, 매일 읽은 글에 대한 내 생각을 글로 쓰는 것이 마치 글 그릇에 담는 모습으로 그려졌다.

매일 한 줄 이상의 글을 쓰는 나의 작은 도전은 내가 교사로서 어떤 길을 가야 하는지, 부족한 한 인간으로서 어제보다 오늘 오

늘보다 내일 더 나은 교사가 되기 위해 어떤 노력을 해야 하는지 알려주고 다짐하게 해주었다. 이 책을 접하는 모든 분이 날 것 그대로 진열된 문장 속에 담긴 수많은 저자의 마음을 마음속 깊이 담아 자신의 글로 꺼내는 하루하루가 되시기를. 그 걸음걸음이 어디로 가는지 모르는 우리의 위치를 밝혀주고 뒤따라올 사람들이 걸어갈 발자국이 되어줄 테니까.

애벌레 속에는
훗날 나비가 되리라는 것을 말해줄 만한
그 무엇도 들어있지 않다.

리처드 버크 민스터 풀러

진단이 곧 치료입니다. 이제 심각한 병이 아니라는 것을 알았으니 걱정할 필요가 없고, 머릿속에서 스트레스가 줄면 가슴 근육이 받는 스트레스도 줄어들 겁니다. 그러면 자연스럽게 고쳐집니다.

… 『당신이 생각만큼 생각을 잘하지 못하는 이유』 42~43쪽

———•◦•———

아이들을 가르치면서 계속 공부를 한 이유가 이것이다. 아이들의 말과 행동이 심각한 상황이 아니라는 것을 알게 되어 걱정이 줄었고, 덕분에 내가 받는 스트레스의 강도가 줄어들었다.

부모로서, 교사로서, 한 인간으로서 사회와 인간의 다양한 행위를 이해할 수 있는 공부를 한다는 것은 그래서 참 행복한 일이라 생각한다. 공부가 주는 이로움을 오래도록 만끽할 수 있으니.

앞으로 벌어질 일을 예측할 수 없을수록 불안하다. 스트레스를 받는다. 가족과 함께 있는 시간이 편안한 이유는 서로에게 익숙하기 때문이다. 더구나 서로 비슷한 발달 경로를 따른 성인이라면 더욱 익숙해질 가능성이 크다. 아이를 낳으면 알게 된다. 내가 인간에 대해 아는 것이 너무 없다는 것을. 처음 교단에 섰을 때의 막막함은 바로 이것이었다. 내가 아이들에 관하여 아는 것이 하나도 없다는 것.

지금 당장 내 앞에서 만나는 아이들이 어떤 행동을 보일지, 그 행동의 원인이 무엇인지 알 수 없었다. 아이마다 책을 읽는 수준도 달랐고, 질문의 깊이도 달랐으며, 사회성도 학교생활 적응도 천차만별이었다. 예측할 수 없고 적절히 대응할 수 없어서 힘들었다. 아이들 가르치는 일이 힘들어서 아이들에 관하여 공부했다. 병리적 관점의 심리학을 공부하면서 힘들었다. 어렵고 힘든 상황에 대하여 이해하고 공감할수록 우울해졌는데, 바로 그때 리질리언스를 접하며 긍정심리학을 알게 되었다.

불안정 애착보다 안정 애착이 많다는 걸, PTSD(외상후 스트레스장애)보다 PTG(외상 후 성장)이 더 많다는 걸 알게 되면서 편안해졌다. 불안정 애착도 안정 애착을 만나면 안정 애착이 될 뿐, 안정 애착이 불안정 애착으로 변하지 않는다는 걸 알게 되면서 안심했다. 피할 수 없는 인생의 역경을 상처가 아닌 성장의 발판으로 삼을 수 있다는 걸 알게 되면서 욕심이 생겼다. 내가 만나는 아이들 모두에게 꼭 가르쳐주고 싶다고. 그건 삶의 모든 순간, 모든 사람에게 배우려는 태도에서 시작한다는 걸.

Csikszentmihalyi와 Larsen(1984)은 십 대들에게 자신들의 기분과 활동을 호출 신호를 받을 때마다 기록하도록 시켰다. 한 시간도 안 되는 사이에 십 대들의 기분은 극단을 오갔다.

··· 『긍정심리학』 133쪽

한 시간도 안 되는 사이에 기분이 극단을 오가는 수십 명의 아이가 한 공간에서 다툼 없이 지낸다는 것은 기적이 아닐까? 그렇다면 자기조절을 할 수 있는 시간과 공간을 마련해주는 것이 더 타당하지 않을까? 스스로 자기감정을 정리할 기회를 주는 것. 그게 아마 생각 의자 같은 것이겠지. 그런데 가급적 주변과 차단된 공간이면 더 좋지 않을까? 학교에서 아이들이 정서 조절할 수 있는 공간 혹은 시간을 준다면 훨씬 안정적인 학교생활이 가능하지 않을까?

어른도 화가 날 때가 많다. 하물며 아이들은 어떨까? 원하지 않았는데도 정해진 시간에 정해진 곳에서 잘 알지 못하는 타인들과 한 공간에 머물러야 한다. 이들의 다수는 자기 감정을 잘 표현하지도 못할뿐더러 잘 알아차리지도 못한다. 짜증을 내지만 배가 고파서인지, 잠을 못 자서인지, 야단맞아서인지 잘 모른다. 심장이 빨리 뛰는 이유가 설렘인지, 불안인지 알지 못한다. 사람마다 해석이 다르고 다른 해석은 다른 감정의 이름을 붙인다.

정서는 전이된다. 표정이 굳은 아이가 교실에 들어오면 공기가 달라진다. 아무것도 하기 싫은 표정으로 아이가 의자에 앉아 있으면 교사는 긴장한다. 지친 얼굴로 교실에 들어오는 교사를 본 아이들 역시 활력이 저하된다. 교사는 학생에게, 학생은 교사에게, 서로가 서로에게 영향을 주는 것이다. 더구나 11~12세 아동의 경우 또래와 있을 때 진정된다는 연구를 보면 또래가 얼마나 중요한지 생각하게 된다.

마음이 흔들리는 수많은 상황에서 자기 감정을 어떻게 다룰지 이야기 나눌 수 있는 좋은 친구와 교사가 아이들 곁에 더 많아지면 좋겠다. 모든 아이가 안전하고 성숙한 방식으로 자신의 감정을 어루만질 수 있는 다양한 방법을 경험하고 익히면 좋겠다. 자기 감정을 잘 정리할 수 있는 충분한 시간과 공간이 마련된 학교이면 좋겠다. 아이가 화나면 문을 닫고 들어가는 걸 당연히 여기는 사회이면 좋겠다. 스스로 감정을 정리할 시간과 공간이 필요하다는 걸 이해해주는 어른이 많아지면 좋겠다.

학교 과제를 하거나, 보다 창의적으로 훈련하거나, 개인이나 환경의 이로움에 대한 고마움을 인식케 하는 방식의 청소년기 감사 개입은 긍정적인 청소년 발달을 촉진하는 데 관심을 가진 이들이 진지하게 고려해야 한다.

왜냐하면 감사는 지지적 관계를 강화하고 청소년의 친사회적 행동을 증가시킬 수 있기 때문이다(Froh, Yurkewichz, et al., 2009). 감사하는 자질은 특별한 욕구, 신체적 장애 또는 사회적 적응 어려움을 가진 학생들에게 특히 유용할 수 있다.

··· 『Gratitude in Youth: Past, Present, and Future Applications』

감사 개입 프로그램이 지지적 관계를 강화하고, 친사회적 행동을 증가시키며 방관자를 줄이고, 친밀한 관계를 경험케 하여 우정의 질을 상승시키며, 학교 만족도와 성취 기회를 높일 수 있다. 고마움을 인식하고 그에 보답하는 경험이 적은 아이들에게 감사 프로그램은 교정적 정서 경험이 될 것이고, 이는 인지의 편향을 줄일 수 있으며 부정적 자기상은 물론 세계관을 수정하는 데도 긍정적 영향을 줄 것으로 생각할 수 있다.

같은 나이대의 타인과 함께 성장하며 서로의 성취를 지켜보면 자연스레 경쟁하게 된다. 그러면서 상대를 이기기 위해 애를 쓴다. 때로는 나의 무능함을 드러내는 타인이 원망스럽다. 바꾸어 생각하면 나로 인해 친구의 장점이 드러난다. 나 역시 친구보다 잘하는 순간이 온다. 친구 덕분에 나의 장점이 드러나는 것이다. 이기고 지는 건 결과이지만, 인생의 결과는 삶의 중간이 아니라 마지막 순간에 알 수 있다.

아침에 일어나 씻고 옷을 갈아입고 가방을 챙기고 신발을 신고 문을 열고 집을 나선다. 지하철역으로 내려가 정해진 시간에 열차를 타고 환승을 하고 하차를 하고 계단을 오르고 학교로 들어선다. 이 모든 과정에는 타인의 노고가 숨어 있다. 집까지 전기가 들어오고, 수도가 연결되어 있다. 이른 아침부터 일어나 열차를 운전해주시는 분, 지하철역을 청소하고 시설을 관리해주시는 분들이 보인다. 학교에 도착하면 밤새 학교를 지켜주신 숙직 기사님이 정문을 열어주시고 시설 주무관님이 낙엽을 쓸고 계신다. 급식실에서는 영양사님과 조리사님 그리고 조리 종사원님이 이른 아침부터 급식을 준비하고 계신다.

아이들은 모른다. 친구가 있어 내가 빛나고, 내가 있어서 친구가 빛난다는 걸. 아이들이 건강하고 안전하고 쾌적한 환경에서 공부할 수 있도록 얼마나 많은 분이 애쓰고 계시는지를. 교육이란 서로가 서로를 위해 존재한다는 걸, 그 노력으로 스스로를 성장시키고 자기를 실현할 수 있음을. 저 연구는 그것을 배우고 익히는 것이 왜 중요한지를 가리키고 있다고 생각한다.

"신발이 안 벗겨져요." "단추가 채워지지 않아요." 등 여러 가지
였다. "괜찮아. 천천히 해볼래?" 시간이 걸리더라도 방법을 가르
칠 뿐 대신해주지는 않았다. "조금만 더 힘내자."

시험당하는 쪽은 교사의 끈기다. 교육은 끈기의 싸움이기도 하
다. "안 되겠다!"라고 도중에 포기하면 교사 자신이 졌다는 것을
의미한다.

사람을 육성하는 일은 자기를 단련하는 일이기도 하고, 자기를
육성하는 일이기도 하다. 원아들은 혼자서 했을 때, 자랑스러운
표정을 지었다. 자기가 지닌 가능성을 느끼고, 그 힘을 이끌어낸
기쁨이 가득한 표정이다. 이 성취감이 강함으로 이어진다.

… 『소설 신인간혁명』 23권, 71~73쪽

매일, 매시간 느낀다. 아이들이 벽에 부딪히는 순간마다 답을 알려
주고 싶고, 대신 해결해주고 싶은 충동을 느낀다. 그때마다 무엇이
아이를 위한 일인지 생각한다. 나를 떠나 아이 혼자 해낼 수 있을까.
내가 없어도 할 수 있을까. 교사의 존재 이유는 대신 하기 위해서가
아니라 아이가 스스로 해낼 수 있도록 이끌어주기 위해서가 아닌가.
그런 의미에서 이 글에 깊이 동의하고 공감한다. 앞으로도 더욱 끈
기 있는 교사가 되고 싶다.

아이를 어릴 때부터 지켜보며 알게 된 것이 하나 있다. 말을 하지 못하던 아이가 울거나 짜증을 부릴 때는 나름의 이유가 있다는 것이다. 아프거나, 졸리거나, 배가 고플 때 울거나 짜증을 부렸다. 하지만 아픈지, 졸리는지, 배가 고픈지 알려면 지켜봐야 했다. 오랫동안 가까이에서 지켜봐야 알 수 있었다. 자신이 우는 이유, 짜증 내는 이유를 모르는 건 말을 못 하는 어린아이만이 아니었다. 더 큰 아이들도 비슷했다. 아침을 먹지 않고 등교해서 멍한 얼굴로 책상에 앉아 있는 아이, 늦게 잠자리에 들어 잠이 부족한 상태로 학교에 와서 친구에게 짜증을 내는 아이, 부모님과 다투고 학교에 와서 선생님에게 성질을 부리는 아이들은 자신이 왜 화를 내는지 알지 못했다.

최상의 컨디션으로 학교에 와서 공부를 해도 쉽게 지친다. 쉽게 벽에 부딪힌다. 끊임없이 갈등을 겪으며 회피하거나 맞서 싸운다. 조금이라도 복잡하고 어려운 내용이 나오면 눈이 감기고 주의를 다른 곳으로 돌린다. 그 까닭을 읽어주고 함께 이겨내자고 응원해주는 사람이 필요하다. 부모여도 좋고, 친구여도 좋고, 교사여도 좋다. 어려움에 부딪히는 순간에 물러서지 않고 함께 맞설 수 있는 이가 필요하다. 어려움을 겪는 이유를 몰라서 허둥대지 않도록, 어려움을 겪는 건 혼자만이 아니라고, 그 어려움을 함께 이겨내기 위해 우리가 있다는 걸 알려주고 싶다.

말하는 것은 지식의 영역이며
경청은 지혜의 특권이다.

올리버 웬델 홈스

여자가 '남성의' 영역에 들어가는 것을 일종의 승진이나 출세로 받아들인다. 그리고 반대로 남자가 여성의 영역에 들어오면 퇴보했거나 추락했다고 생각한다. '여자아이나 하는 것'이란 표현은 남자아이에게 부정적인 메시지를 보낸다(물론 남아는 여아가 좋아하는 모든 것이 하찮다고 여긴다). (중략) 이는 여자아이에게도 부정적인 영향을 미친다. 이런 메시지는 양성 간 계층 구조를 견고히 하고, 성차별적 제도와 동성애 혐오의 근거가 된다.

… 『나의 아들은 페미니스트로 자랄 것이다』 71~74쪽

교대에 진학하는 내게 어떤 어른은 '사내자식이 할 짓이 없어서 선생질'이냐는 말씀을 하셨었다. 여성의 영역에 들어왔으니 퇴보했거나 추락했다고 여긴 것이다. 교실에서 힘이 센 아이, 덩치가 큰 아이가 높은 위계를 차지하지 못하도록 모든 아이가 서로 존중하는 태도를 갖게 하기 위해 알아야 하는 것이 페미니즘이었다. 페미니즘이 남성 사회의 계급 체계로 차별받고 괴롭힘당하는 남성은 물론 성차별적 제도와 동성애 혐오의 근거마저 무너뜨릴 수 있다는 문장에 마음이 움직인다. 한 사람을 소중히 여기는 사회로 넘어가기 위한 징검다리로서 나는 페미니즘을 지지하고 동의한다.

남성의 영역과 여성의 영역에 경계가 있다. 경계는 서서히 허물어지고 있다. 의사는 남자, 간호사는 여자라는 인식도 과거형이다. 금녀의 영역이던 군대에 여성 장군이 등장하고, 대통령도 더 이상 남성의 자리가 아니다. 지시와 명령으로 위계질서를 따지던 사회가 대화와 설득을 중시하며 수평적 관계로 바뀌고 있다. 힘과 권력으로 질서를 세우며 강자만이 사회 구성원으로 인정받았던 시대에서 사회적 약자인 여성이, 유색인종이 투표를 통해 정치에 참여하고 어린이의 인권을 보장하는 시대가 되었다.

　더 이상 힘과 위계를 통해 사회의 질서를 앞세우기 어려운 시대가 되었다. 수직적 위계를 세우기는 쉽다. 힘이 세 보이려면 목소리나 힘 또는 덩치를 키우면 된다. 수평적 관계를 유지하기는 어렵다. 자기 자신도 잘 다루지 못하는 사람이 타인과 어울려 살기란 얼마나 어려운 일인가. 더구나 힘과 위계 이외에 내세울 것 없는 자신을 드러낸 채 대화와 설득을 통해 함께 어울려 살려면 많은 인내와 노력이 필요하다.

　교육은 힘과 지위나 계층 같은 위계를 통해 사람과 사람 사이를 수직적 관계로 만들려는 안이한 생각에서 벗어나 대화와 설득을 통해 모든 사람을 동등한 인격체로 대하는 태도를 갖게 하기 위해 존재한다. 그 어려운 일은 당연히 한없는 인내와 끊임없는 노력 없이는 불가능하다. 인간에 대한 깊은 신뢰와 이해, 그리고 함께 성장하려는 노력 없이는 말이다.

군자는 남의 좋은 점을 드러내는 것을 좋아하고
성취한 사람은 항상 남도 성취하기를 바라고
훌륭한 사람은 남의 장점 듣는 것을 좋아하고
여유 있는 사람은 항상 남을 칭찬한다.

··· 『마음챙김의 인문학』 318쪽

이런 사람이 되고 싶다.

이런 아이들로 키우고 싶다.

이런 사람을 가까이하고 싶다.

이런 사람들로 가득한 사회를 만들고 싶다.

남의 좋은 점을 드러내는 것을 좋아하고, 함께 성취하기를 바라며,

남을 응원하고 격려하고 칭찬하고 축하하는 건 가르쳐야만 할 수 있

으니까.

그게 교사가 해야 하고, 할 수 있으며, 내가 하고 싶은 일이니까.

"왜 교사가 되고 싶으셨어요?" 처음 만나는 선생님께 이런 질문을 한다. 조금 무례할 수도 있지만, 어쩌면 그것이 상대 교사에 대한 예의가 아닐까 나는 생각한다. 어떤 이유로 교단에 서시는지, 바로 그 일의 의미를 알고 싶기 때문이다. 그러고는 질문을 덧붙인다. 어떤 교사가 되고 싶으신지를. 동료 선생님뿐만 아니라 교장, 교감 선생님께도 여쭤보곤 한다. 그분들도 교사이기에 교사로서의 정체성을 갖고 계실 테니까. 내가 아이들을 바라보듯이 그분들도 같은 방향을 바라보고 계셨을 테니까. 나와 그분들이 서로 다르지 않다는 걸, 같은 교사로서 아이들의 성장을 위해 함께 노력하는 사람이라는 걸 질문을 통해 상기하고 싶었다.

쉽게 잊는다. 왜 교사가 되었는지, 어떤 교사가 되고 싶은지 생각해보지 않는다. 왜 학교에 다니는지, 왜 공부를 해야 하는지, 왜 아침을 챙겨 먹어야 하는지, 왜 잠을 잘 자야 하는지, 왜 숨이 찬 운동을 해야 하는지 고민하지 않는다. 우리는 서로를 위해 살아가고 있음을 잊는다. 마음 편히 함께 어울려 살기 위해 더 배우고, 더 건강해지고, 더 훌륭해져야 한다. 그 노력이 나를 더 빛나게 한다. 함께 있으면 더 배우고 싶어지는, 더 건강해지고 싶어지는, 더 훌륭해지고 싶어지는 사람이 되고 싶다. 내가 만나는 모든 아이, 나와 연이 있는 모든 분이 함께 있으면 성장하고 싶은 마음이 드는 사람이 되면 좋겠다. 그런 사람이 가득한 세상이 되어야 아이들이 어디를 가건, 언제 나가건 안심할 수 있는 세상이 올 테니까.

사이코패스를 만드는 3가지 요인

1) 안와전두피질과 편도체를 포함한 전측두엽의 유별난 저기능

2) 전사유전자로 대표되는 고위험 변이 유전자 여러 개

3) 어린 시절 초기의 감정적, 신체적, 성적 학대

… 『사이코패스 뇌과학자』 143쪽

이 책의 결론은 결국 3번에 있었다. 1, 2번과 달리 3번은 출생 후 사람과의 관계를 통해 막을 수 있으니까. 어린 시절 초기의 감정적, 신체적, 성적 학대를 막아야 한다. 아동학대를 예방하는 것은 사회의 안녕과 깊은 관련이 있다. 아이들 곁에 성숙한 타인이 필요한 이유이기도 하다. 결국 사회의 안전망은 사람인 셈이다.

본성과 양육. 무엇이 인간의 삶을 결정하는가라는 질문에 대한 많은 연구를 살펴보면 타고난 기질과 기질이 발현될 양육환경이 인간의 삶을 결정하는 것으로 보인다. 모든 사람에게는 다양한 위험인자가 내재되어 있으나, 해당 인자가 발현될 환경에 노출되지만 않는다면 덜 불안해해도 된다는 뜻이다. 삶에 존재하는 다양한 위험 요소에도 사회 구성원이 만든 안전망 안에서 서로에게 기대어 사는 사회를 만들기 위해 필요한 것이 바로 교육이 아닐까?

저녁이 되어도 집에 가지 않는 아이가 있었다. 집으로 돌아가는 게 두려웠기 때문이다. 술에 취해 내게 전화를 하는 부모님도 있었다. 하소연할 곳이 없어 자녀 상담을 핑계로 전화를 하신다는 것을 짐작할 수 있었다. 아이는 보호자의 영향에 장시간 노출된다. 그들이 하는 말과 행동이 세상을 바라보는 관점이 되고, 세상을 마주하는 태도가 된다. 함께한 시간이 가장 긴 부모의 운명이 자녀에게로 전해진다. 부모의 세계관과 인간관이 전승되기 때문이다.

바로 이 세대 전승에 균열을 내고 다른 삶을 살아갈 기회를 주는 것이 바로 교육이다. 낯선 타인과 한 공간에 머물며 서로 다른 가정의 문화를 드러내고 교류하는 과정에서 보다 나은 삶을 경험할 수 있기 때문이다. 어린 시절 초기의 감정적, 신체적, 성적 학대를 가로막기 위해서 자녀와 부모 모두에게 가장 필요한 것은 바로 '관계'다. 이웃과의 교류, 친척과의 교류, 같은 또래를 키우는 많은 부모와의 교류 속에서 학대가 아닌 양육을 학습할 기회를 주어야 한다. 사람이야말로 최후의 안전망이니까.

"어떤 어른이 되고 싶어요?"

"솔직하고 착하고 용감한 어른이 되고 싶어요. 용감하면 누구한 테든 말할 수 있고 착하면 상냥하게 말할 수 있고 솔직하면 뭐든 지 다 솔직하게 말할 수 있으니까."

… tvN 〈유퀴즈 온 더 블럭〉 44화, 꼬마 시민 인터뷰

"어떤 교사가 되고 싶어요?"

"꿈을 잃지 않고 꿈을 전하며 꿈을 실천하는 교사가 되고 싶어요. 아 이들이 어디를 가건, 언제 나가건 안심할 수 있는 세상을 만들겠다 는 꿈을 잃지 않고 제가 만나는 모든 아이에게 저의 꿈을 전하며, 그 꿈을 이루기 위해 아이들을 저 같은 사람보다 훌륭한 사람으로 키워 내는 노력을 계속한다면 언젠가 제 꿈을 이룰 수 있을 거라 생각하 거든요."

아이들을 이해하기 어려웠다. 매일 지각하는 아이를, 숙제를 해오기는커녕 안내장도 가져가지 않는 아이를, 필통은커녕 연필도 안 갖고 다녀서 매일 빌리는 아이를, 매일 엎드려 있고 물어도 대답도 안 하는 아이를, 틈만 나면 친구를 건드려 놓고 다른 친구가 먼저 건드렸다고 말하는 아이를. 원래 저런 아이인가 싶다가도 아이가 열심히 잘 해내려는 모습을 마주하면 혼란스러웠다. 내가 함부로 아이를 판단하고 있구나 싶으면서 아이를 이해하지 못하는 내 무능함에 답답했다. 저 아이들도 무언가 하고 싶은 게 있을 테니 꿈이 있느냐고 물은 적이 있었다. 아이들 대부분 별다른 꿈이 없었다. 마땅히 하고 싶은 일도 없고 장래 희망도 없는 아이들에게 나는 말문이 막혔다.

질문을 바꾸었다. '어떤 사람이 되고 싶은지'를 물었다. 10년 후, 20년 후가 아니라 내일, 다음 주, 다음 달에 어떤 사람으로 변해있고 싶은지 그려보게 했다. 사소했다. 어떤 친구가 되고 싶은지, 어떤 친구를 사귀고 싶은지 물었다. 무엇을 해내고 싶은지, 매일 무엇을 실천하는 사람이 되고 싶은지 물었다. 멀리 있는 미래가 아니라 눈앞의 내일 어떤 사람이 될 것인지, 그를 위해 지금 무엇을 해야 하는지 물었다. 아이들은 모두 다 좋은 사람이 되고 싶어 했고, 좋은 사람이 되기 위해 무엇을 해야 하는지 잘 알고 있었다. 내 역할은 아이들이 바라는 삶을 응원하고 격려하는 일뿐이었다. 진실로 모든 아이는 자기를 실현하려는 자기결정성을 갖고 있음을 확인하게 되었다.

귀를 기울여 듣는다는 것

귀를 기울여 듣는다는 건 생각보다 어려운 일 같아요. 뉴스에는 온통 사람을 믿지 못하게 하는 이야기만 넘쳐나고, 그 뉴스조차 진위를 가리기 힘들어진 세상에 살다 보니 차라리 눈을 감고, 귀를 닫고 사는 게 좋겠다 싶을 때가 많습니다. 마치 남의 이야기에 귀를 기울이지 말라고 하는 것은 아닌가 싶어요. 그래서 속상하고 가슴 아플 때가 많습니다.

아픈 마음을 위로하기 위해 노래를 듣기도 하고, 드라마나 영화를 통해 다른 사람들의 삶에 빠져보거나, 책을 통해 글쓴이들이 하고 싶은 말이 무엇인지 들어봅니다. 음악도, 문학도, 학문도 각자 자신의 이야기를 하고 있더라고요. 나만 이런가, 나만 힘든 건가 싶은 순간에 노래를 듣다 보면 나와 비슷한 경험을 노래한 이야기가 들려왔습니다. 어떻게 해야 할지 모르는 상황에 빠졌을 때 책이 길을 보여줄 때가 많았습니다. 그 길이 잘 그려지지 않을 때 많은 분들이 드라마로, 영화로 보여주었습니다. 이렇게 사는 건 어떠냐고요.

남의 이야기에 귀를 기울이면서 배운 것이 참 많습니다. 저와 똑같은 삶을 사는 사람은 세상에 단 한 명도 없지만, 제가 공감하고 농의할 수 있는 삶을 사는 사람은 많다는 걸 알게 되었거든요. 매일 한 쪽의 책을 읽고, 들려오는 노래를 음미하며, 사람들이 좋아하는 영화나 드라마 혹은 예능 프로그램 속에서 제가 배울 것을 발견하는 기쁨이 하루하루를 살아가는 삶을 행복하게 만들지 않나 생각하게 됩니다. 그 경청을 통해 매일 조금씩 제가 자라는 것 같거든요.

청소년들을 연구한 자료들은 수면 교란과 그 뒤의 자살 생각, 자살 시도, 비극적 자살 사이에 관계가 있음을 보여준다. 그러니 사회와 부모가 잠을 많이 잔다고 십대 청소년을 꾸짖는 것이 아니라 긍정적으로 봐야 할 이유가 하나 더 있는 셈이다. (중략) 수면 부족은 연령에 상관없이 아이들의 공격성, 따돌림, 여러 행동 문제들과 관련이 있다. (중략) 청소년기 말에 일찍부터 마약과 술에 빠질지 여부를 유년기 수면 부족 여부를 통해 상당히 예측할 수 있다.

… 『우리는 왜 잠을 자야 할까?』 214~218쪽

아이도 어른도 하루 8시간 수면이 건강한 삶의 가장 튼튼한 바탕이 된다. 수면 패턴이 아동기에 비해 뒤로 밀리는 청소년의 발달을 이해하고 이들이 최상의 컨디션을 유지할 수 있는 환경을 마련하는 것이 필요하다. 물론 적정한 수면 시간을 확보하는 노력은 어른들부터 솔선해야 한다고 생각한다. 부모나 교사가 수면을 홀대할수록 아이들 역시 같은 태도를 보일 테니까. 따라서 나부터 노력할 일이다.

똑같은 분량의 알림장을 보고 쓰는데도 아이마다 시간 차이를 보인다. 어떤 아이는 한 번 보고 한 문장을 완성하고 어떤 아이는 한 번 보고 한 글자조차 채 완성하지 못한다. 집중력의 차이인 줄 알았다. 다른 곳에 주의를 기울여 생기는 문제인 줄로만 알았다. 내가 알고 있는 것이 아이를 이해하는 한계를 정했다. 주의집중도 개인의 노력에 따라 조절 가능한 줄 알았다. 그 모든 걸 오로지 아이의 책임이라 여겼다. 오랫동안 높은 수준의 스트레스에 시달릴수록 단기기억과 관련 있는 작업기억에 영향을 주는 해마가 위축된다는 연구를 보니 이해가 되었다. 해마에 영향을 주는 산소를 잘 흡입하지 못할수록 주의가 산만해질 수 있다는 걸 알게 되자 아이들의 답답함에 공감하게 되었다.

젊을 때와 다르게 나이가 들수록 밤을 새기 힘들어졌다. 머리가 멍했고, 쉽게 피곤해졌고, 금방 짜증이 올라왔다. 업무가 더해질수록 불평이 늘었다. 나도 사춘기 아이들과 크게 다르지 않았다. 아이들이 사춘기에 접어들수록 수면 패턴이 뒤로 밀린다는 연구를 보며 하루 2, 3시간 자며 공부하던 때가 생각났다. 공부를 열심히 해도 다음 날이 되면 잘 기억나지 않아 당황스러웠던 순간들, 부모님이 건넨 사소한 말에도 신경을 곤두세웠던 모습들이 생각났다. 잠을 충분히 잤더라면 어땠을까. 충분히 잠을 자도록 도와주었다면 어땠을까. 3당4락이란 비과학적 통념에서 벗어나 하루에 7~8시간은 자야 학업 성적도, 친구 관계도 좋아진다고 가르쳐주었다면 어땠을까. 나도 배우지 않았다면 몰랐을 것을 공부하며 상상하게 된다.

나에게 꿈이라는 건 욕심과 구별할 수 있는 것
내가 쓰러지는 날까지 계속 노래할 수 있는 것

꿈이라는 건 끝없이 두드리고 말할 때
비로소 느낄 수 있는 내가 네게 말한 꿈이야.

··· '꿈이라는 건' 신성우

가끔 아이들에게 왜 선생님이 되었느냐는 질문을 받는다. 내 어린 시절 학교에서 받은 상처를 꺼내며 이렇게 말한다. 너희처럼 어린아이들이 어디든, 언제든 마음 편히 다닐 수 있는 세상을 만들기 위해서라고. 누구든 믿을 수 있어서 어디든 안심하고 다닐 수 있는 세상을 만들려면 너희 한 명 한 명이 나보다 훌륭해져야 한다고. 그게 교사로서 나의 꿈이고, 내가 교사로 살아가는 이유라고. 신성우의 노래를 들을 때마다 그가 말한 꿈이 바로 이런 것이 아닐까 나는 생각한다.

아이들에게 꿈이 뭐냐고 물으면 대부분 장래 희망을 말한다. 어른들 때문이다. 무엇이 되고 싶으냐는, 어떤 직업을 갖고 싶으냐는 질문은 해도 어떤 세상을 꿈꾸는지는 묻지 않는다. 학교도 그랬다. 의사가 아니라 어떤 전공의가 되고 싶은지, 교사도 유치원 교사인지 초등교사 인지 중등교사인지 구체적인 '직업'만을 물어보고 생기부에 입력토록 했다. 어느 누구도 아이들이 바라는 세상은 어떤 모습인지, 바라는 세상을 만들기 위해 지금 무엇을 해야 하는지 묻지 않는다. 그런 건 마치 세상을 좌지우지하는 어른들만 꿀 수 있는 특권인 것처럼.

아이들의 꿈은 사소하지만 중요했다. 온 가족이 여행을 가고, 함께 맛있는 저녁을 먹고, 친구와 함께 놀러 가는 것이었다. 그 꿈을 이루려면 가족이 화목해야 하고, 건강해야 하고, 일을 할 수 있어야 하고, 친구와 사이가 좋아야 한다. 가정이 화목하려면 온 가족이 노력해야 하고, 가족이 건강하려면 잘 먹고 잘 자고 잘 움직여야 한다. 친구와 사이좋게 지내려면 친구를 배려하고 공감할 줄 알아야 한다. 이렇듯 아이들의 꿈은 개인적 욕심과 거리가 멀고 끊임없이 노력해야만 얻을 수 있는 것이다.

꿈꾸게 하고 싶다. 꿈이 무엇인지 알려주고 싶다. 욕심과 구별할 수 있고, 삶의 마지막까지 자신을 노력하게 만드는 것. 남을 위한 일이자 곧 나를 위한 일이기도 한 것. 어제보다 오늘, 오늘보다 내일 더 나를 성장하게 만드는 것이 바로 꿈이라는 걸.

용서는 용서하는 사람에게 의료적으로, 심리적으로 도움이 된다는 연구 결과도 있다. 용서하는 법을 배운 사람은 그렇지 않은 사람보다 치명적인 심장발작과 뇌졸중, 우울증, 불안 장애를 겪을 위험이 현저하게 낮다고 한다.

… 『감정을 선택하라』 264쪽

실제 용서 관련 논문들을 찾아보면 이와 같은 연구 결과가 많다. 분노에 스스로 잠식해가는 이들이 얼마나 많은가를 떠올리면 더욱 용서를 가르쳐야 하지 않을까. 물론 용서 이전에 잘못을 인정하고 사과를 구하는 용기를 먼저 가르쳐야겠지만. 교육이 할 일은 어떻게 자율성을 침해하지 않으면서 용서에 이르게 할 것인가. 상처받은 자존감을 더 훼손하지 않으면서 용서할 수 있도록 할 것인가에 있지 않을까?

사람은 누구나 사람에게 상처받는다. 마음을 전하고 받는 과정에서 오해하고 의심하고 불신하며 상대를 함부로 대하거나, 상대가 나를 함부로 대하기도 한다. 가까운 가족에게 상처받고, 친구에게 상처받고, 이웃에게 상처받는다. 상처 입은 나는 점점 더 사람들과 거리를 두게 되고, 거리를 둘수록 오해는 더더욱 깊어진다. 얼굴을 마주하고 이야기를 해도 오해가 쌓이는데 하물며 마주하지 않는 타인은 오죽할까.

교실에서 만나는 아이들 사이에 갈등이 생기면 교사가 중재한다. 미성숙한 아이들은 또래로부터 상처 입는 날이 많다. 사랑해서 결혼한 어른들조차 오해와 갈등 때문에 이혼을 선택하는 비율이 절반에 가까운데, 아이들끼리 상처 주고 상처 입는 건 지극히 당연한 일이 아닐까 생각한다. 미성숙한 행동을 제지해도 그때뿐이다. 변하지 않는 타인을 원망하고 분노하며 하루를 보낸다.

사소한 실수에 개의치 않는 것은 바보 같아서 혹은 속이 좋아서가 아니다. 지혜롭기 때문이다. 그 정도 실수는 용서하고 넘어가는 것이 자신과 타인 모두를 위하는 일이기 때문이다. 하지만 어렵다. 나를 싫어해서, 나를 가벼이 여겨서가 아니라 타인을 대하는 건강한 방법을 몰라서 그렇다는 걸 알려주는 일은 친구를 함부로 대하는 아이에게 건강한 방식으로 친구와 어울리는 법을 가르치는 것만큼 어려운 일이다. 상처받은 개인 사이에 놓인 높은 불신의 벽을 함께 넘어서서 마음과 마음을 잇기 위해 교사가, 부모가, 어른이 있다고 나는 생각한다. 상처받을 용기를 가진 어른이야말로 용서할 수 있을 테니까.

1) 초기 친사회성과 공격성이 아동의 이후 사회적 연대와 학업 성취에 미치는 상대적 영향에 대해 종단적으로 검증되어 왔다 (Caprara, Banbaranelli, Pastorelli, Bandura, & Zimbardo, 2000).

2) 친사회성은 이후의 학업 성취와 긍정적인 또래 관계에 강한 긍정적 영향을 미친다.

3) 반면 초기 공격성은 어떤 기능 영역에도 유의미한 영향을 미치지 않는다.

4) 이런 결과는 아동의 친사회성을 개발하고 촉진하기 위해 자원을 투자하는 것이 가치 있다고 강조한다.

… 『인간의 강점 발견하기』 380쪽

어린아이들은 친사회성과 공격성 둘 다 존재한다. 그런데 공격성에 대한 접근, 즉 학교폭력예방에 집중함으로써 정작 키워져야 할 친사회성은 무시한다. 학교는 벗과의 우정을 경험하고 길러져야 할 공간이다. 왜냐하면 자연(木)에서 친구와 사귀는 법(爻)을 배우는(學) 곳이 바로 학교(學校)이기 때문이다.

옛날 어른들은 말했다. 애들은 싸우면서 큰다고. 이제는 아니다. 요즘은 싸우면 학교폭력 가해자가 된다. 단 한 번의 잘못도 신고하고 학교폭력 대책위를 열어서 처벌한다. 8살, 초등학생 1학년이어도 상관없다. 가혹하다. 가혹하다. 가혹하다. 이토록 어린아이들에게도 가해자라는 이름을 붙이는 가혹한 사회에서 교육은 무엇을 할 수 있을까? 여러 사람과 함께 어울려 지내며 싸우고 화해하고, 다투고 용서하고, 멀어지고 가까워질 기회를 주는 것이 교육이 해야 할 일이 아닐까? 모든 아이가 더 현명해지고 누구와 어울려도 좋은 관계를 맺을 수 있는 힘을 길러주는 것이 교육이 해야 할 일이 아닐까?

애들은 싸우면서 큰다는 말이 가능해지려면 싸운 후에 중재할 타인이 있어야 한다. 친구여도 좋고, 어른이어도 좋고, 부모여도 좋고, 교사여도 좋다. 타인에게 향하는 공격성을 친사회성으로 바꾸어줄 사람이 필요하다. 온종일 친구에게 시비를 걸고, 온종일 욕을 하고, 온종일 싸우기만 하는 아이는 없다. 사이좋게 지낼 때가 더 많고, 좋은 말을 할 때가 더 많고, 양보하고 배려할 때가 더 많다. 다만, 사이좋게 지낼 때는 주목하지 않을 뿐이다. 좋은 말을 하는 건 당연히 여길 뿐이다. 양보하고 배려하는 건 알아차리지 못할 뿐이다. 좋은 말을 하고, 사이좋게 지내며, 양보하고 배려하는 모습에 주목하며 훌륭한 말과 행동을 서로 경쟁하며 지낼 수 있도록 이끌어주는 것이 모든 아이를 위한 교육이 아닐까?

인간은 자기의 존엄을 버리면
영원히 그 존엄성을 상실합니다.
타인의 존엄을 존중하지 않으면
자기의 존엄까지 잃게 됩니다.

아놀드 토인비

여기서 놀라운 것은 그쪽 카드들이 나쁘다는 것을 의식적으로 알아차리기도 전에 이미 땀이 나기 시작했다는 점이다. 반면에 복내측 전전두피질에 손상을 입은 환자들은 이런 생리적 신호를 받지 못했으며, 그래서 나쁜 쪽에서 계속 카드를 뽑는 경향이 있었다. 다시 말해 건강한 사람들의 복내측 전전두피질은 경험에서 얻은 여러 조각의 정보들을 통합하고 그 정보를 정서적 신호로 변환시킴으로써 우리가 어떤 결정을 내릴 때 유용한 조언을 제공한다. 나아가 이런 조언(직감)은 무엇이 좋은지, 나쁜지, 왜 그러한지를 우리가 의식적으로 알아차리기도 전에 형성될 수 있다.

··· 『옳고 그름』 218~219쪽

———

생각해보면 왜 '멈추면 보이는지', 마음챙김 명상(mindfulness meditation)이 왜 서양에서 각광 받는지 이해가 된다. 비이성적 판단의 이면에 높은 긴장 혹은 불안이 있을 가능성이 크므로 신체 이완을 할 수 있게 심리적으로 안정감을 느끼도록 하는 것이 중요할 것이다. 식사와 수면 그리고 운동이 왜 중요한지도 생각하게 된다. 건강한 삶의 패턴을 유지하는 힘을 기르는 것이 결국 교육이 해야 할 일이 아닐까?

'더 이상은 민간인이 아니라 군인이다. 군인은 생각하지 않는다. 묻는 말에 대답해라. 빨리빨리 움직여라.' 처음 군대에 갔을 때 이름이 아닌 훈련병으로, 그것도 번호를 붙여서 부르는 소리에 기가 죽었다. 묻는 말에 생각을 하고 대답을 하려면 시간이 걸린다. 따라서 생각하지 말고 기계적으로 답을 해야 한다. 상급자가 살짝 건드려도 관등성명을 대야 한다는 긴장감 속에서 하루를 보내다 보니 금방 피곤해지고, 생각 없이 하는 질문에 실수가 없어야 하니 군대 문화에 잘 적응하며 사는 기간병들의 모습을 모델링하기에 바빴다. 왜 그렇게 말하고 행동하는지 까닭을 말해주는 사람도 없었고, 이유를 궁금해할 시간도 없었고, 아무도 묻지도 않았다.

〈D.P〉라는 드라마가 큰 이슈가 되었다. 후임병에게 가혹행위를 하는 선임병들에게서 인간성을 찾을 수 없어서가 아닐까 싶었다. 왜 그들은 가혹행위를 멈추지 않았을까. 아마 생각하고 대답하는 것이 금기시되는 군대 문화 때문이 아닐까. 자기 행위의 옳고 그름을 알아차릴 만큼의 생각조차 허용되지 않는 사회여서가 아니었을까. 학교는 어떨까. 더 많은 것을 기억하고, 남들이 던지는 질문(문제)에 정해진 답을 찾는 훈련만 시키는 사회가 아닌가. 아이들 모두가 정답이 아닌 자신의 해답을 말할 기회를, 자신의 관점으로 질문할 기회를 주는 것이 공정성보다 중요한 한 개인의 개별성을 빛나게 하는 교육이 아닐까.

Ialongo, Edelsohn, Werthamer-Larsson, Crockett과 Kellam(1994)은 불안장애의 진단기준(94년에 DSM-4가 나왔으니 DSM-3의 진단기준으로 추정)에 부합하지 않는 1학년 아이들의 불안증상과 읽기 및 쓰기의 어려움 간의 관계를 확인하였다.(아마 발달연령에 따라 나타나는 불안의 양상이 달라서 부합하지 않았던 것이 아닌가 추정)

1학년 아동들을 5학년까지 추적한 Ialongo 등(1995)의 종단연구에서 지속적인 불안이 드러났고 불안은 이후의 성취 점수도 예언하는 것으로 나타났다. 즉, 1학년 때 불안했던 아동들은 5학년 때 성취점수가 최하위 1/3에 속할 가능성이 유의미하게 높았다.

··· 『아동 및 청소년 상담』 189쪽

따라서 초등학교 1학년 교사가 매우 중요하다. 1학년 교사의 전문성과 경험이 1학년 이후 아이들의 학교생활에 미치는 영향이 크기 때문이다. 그런데 1학년 교사들이 업무를 과다하게 받는 경우가 많고 그중에서 교무나 연구부장을 맡는 경우도 많다. 불필요한 업무의 과감한 축소 및 폐지가 필요한 근거 중 하나라고 생각한다.

수많은 법령과 제도가 교육을 위해 만들어진다. 만들어진 법과 제도는 사라지지 않는다. 세월이 갈수록 더 많은 법과 제도가 만들어지고, 3천여 개가 넘는 법 조항 준수 여부를 확인하느라 내 앞에 있는 아이들을 놓친다. 아이들을 놓치고 있다는 걸 아는 사람은 오직 교사뿐이다. 교실에서 아이를 만나는 건 부모도, 법을 만드는 사람도, 법 집행을 감독하는 사람도 아닌 바로 교사이기 때문이다. 가르치는 일을 잘하려면 한도 끝도 없다는 걸 알기에 어쩌면 그 노력을 외면하기 위해 업무를 핑계로 도망가는지도 모른다. 교육보다 업무가 쉬우니까.

　모두가 아이들을 걱정하고, 미래를 걱정한다. 하나라도 더 가르치고 전해야 하기에 끊임없이 새로운 교과를 신설하자고 주장하고, 새로운 교육을 더하자고 말한다. 수업일수와 수업시수는 정해져 있는데 사람들은 함부로 새로운 교과를 더 가르치자고 할 뿐 무엇을 빼자고 말하지는 않는다. 욕을 먹고 싶지 않기 때문이다.

　초등 1, 2학년 시수가 타 학년에 비하여 적다. 수업 시수가 적어서 업무를 많이 맡긴다. 교무나 연구를 맡긴다. 가장 교사의 관심이 필요한 학년에 가장 바쁜 자리를 준다. 학교도 어쩔 수 없다. 업무는 법과 제도가 강제하는 것이고, 그것을 학교 구성원 중 누군가는 해야 한다. 현실과 맞지 않는 법과 제도들, 비합리적이고 비효율적인 업무 추진 방식들, 그 무엇도 개선되지 않는 건 그 누구도 개선하려 들지 않기 때문이다. 누군가의 일자리가 달려있고, 누군가의 인생이 달린 문제로 얽혀 있으니까. 오랫동안 여러 사람이 함께 노력하지 않는 한 절대 해결할 수 없다.

배우자의 좋은 점 목록을 만들어라, 집 여기저기에 두 사람의 행복한 사진을 놓아두라, 가끔 두 사람에게 특별한 의미가 있는 노래를 들어라, 맨 처음에 두 사람을 연결해준 것이 무엇인지 떠올려보라, 고마운 마음을 표현하라, 반려자가 친절을 베푸는 순간에 주의를 기울여 고마움을 표하라.

… 『건강하게 나이 든다는 것』 205쪽

아이들도 친구를 관찰하는 것이 필요하다. 친구의 좋은 점, 노력한 점, 고마운 점을 적게 한다. 사이좋게 지내는 장면을 사진으로 찍어서 교실에 붙여둔다. 즐거운 시간을 보낼 때 가사가 아름다운 노래를 틀어준다. 아이들이 노력한 순간, 고마운 장면을 공개적으로 언급한다.

부정적인 측면만을 바라보기 쉬운 본능에서 벗어나기 위해 아이들의 장점에 시선을 두려고 노력한다. 가정에서도, 학교에서도, 사회에서도. 아내에게, 동료에게, 자녀와 학생에게 동일한 태도를 견지한다. 사람을 존중하는 태도는 누구에게나 같아야 하니까.

역할은 혼란스러워도 태도는 일치하기에 흔들리지 않을 수 있다는 걸 나이 들고서야 알아차렸다. 그래서 젊은 시절로 돌아가기 싫다.

아이들이 싫어하는 친구가 있었다. 사사건건 경계를 넘었고 남을 원망하는 일이 익숙한 아이였다. 다른 친구에게 한 가지 부탁을 했다. 일주일간 매일 하나씩 아이가 노력한 것, 친구들을 배려하는 모습 등 좋은 점을 기록해달라고 했다. 아이에게만 부탁하지 않았다. 나도 매일 한 가지씩 아이를 공개적으로 칭찬해주었다. 아주 사소하지만 중요한 장면을 놓치지 않으려고 노력했다.

아침 일찍 등교한 일, 친구들 책상 줄을 맞춘 일, 선생님의 심부름을 한 일, 교실 바닥에 떨어진 쓰레기를 주운 일, 급식을 다 먹은 일, 교실 창문을 열어 환기시킨 일, 수업 시간에 질문한 일, 오전 혹은 오후에는 다투지 않은 일, 친구를 칭찬한 일 등 일상의 아주 사소하고 누구나 하고 있는 작은 일들이야말로 중요하고 노력이 필요하다는 걸 아이들에게 말해주었다. 말을 하면서 나도 달라짐을 느꼈다. 아이들이 매일매일 얼마나 노력하는지를 생각하게 되었다. 교직 생활의 절반쯤 왔을 무렵에서야 알게 된 것이다.

책을 내고 가끔 강의를 다니면서 훌륭한 후배 선생님들을 만나게 된다. 하나같이 아이들 고민에 힘들어했다. 그들은 왜 아이들 때문에 힘들어할까? 교사이기 때문이다. 매일 아이들을 만나서 수업하고 생활지도 하는 교사. 부모도 똑같다. 아이를 키우느라 힘들어한다. 매일 아이를 씻기고 먹이고 재운다. 준비물도 챙기고 숙제도 봐주고 학원도 보낸다. 부모도 교사도 아이들 때문에 힘든 것이다. 모든 아이가 하루하루 최선을 다하고 있음을 알게 된다면 부모와 교사 모두 조금은 덜 힘들고 서로 더 가까워지지 않을까 나는 생각한다.

입으로 호흡하는 게 일상화되면 타액이 건조해져서 치주병이 악화된다. 타액에는 치주병균의 활동을 억제하는 면역물질이 포함되어 있는 데다 산을 중화해서 입안을 중성($pH7.0$)으로 되돌리는 역할을 한다. $pH7.0$은 선옥균에게 최적의 환경이다. 그러므로 타액이 감소하면 입안이 산성이 되어 치주병균이 증식하기 쉬워진다.

… 『몸은 얼굴부터 늙는다』 95쪽

비염, 축농증, 수면무호흡증 등이 일으키는 호흡 방식의 변화와 치은염-치주병 진행의 상관. 입으로 호흡하는 건 입 냄새의 원인이 되기도 하고, 입 냄새는 타인과의 관계에도 영향을 준다. 뿐만 아니라 호흡은 수면에 영향을 주고, 수면은 기억과 정서에도 영향을 미친다. 심폐지구력, 최대 심박수 등의 심박 변이도가 큰 운동이 중요한 이유이자 아이들의 호흡에 관심을 갖는 이유다.

어떤 행동을 일으킨 원인은 몇 가지일까? 단 하나의 원인으로 결과가 초래되는 인과관계가 분명한 행동은 없다. 여러 가지 요인이 복합적으로 영향을 끼쳐서 행동을 일으킨다. 하지만 우리의 뇌는 단순한 방식으로 이해하는 데 최적화되어 있다.

사람들은 두꺼운 책을 멀리하고, 전공 서적보다 대중서를 좋아하며, 글보다는 그림이나 영상을 더 가까이한다. 우리 뇌에 가해지는 부담이 덜하기 때문이다. 두꺼운 전공 서적이 그림책이나 만화책보다 좋다는 뜻은 아니다. 두꺼운 전공 서적도, 대중서나 만화책도 각자 나름의 장점이 있기에 어느 책이건 가리지 않고 가까이하려는 노력이 중요하다고 생각한다.

여러 분야의 책을 읽으며 아이들 행동에 영향을 미치는 다양한 요인이 있다는 것을 알게 되었다. 워낙 다양한 요인들이 영향을 미치기에 하나의 요인을 바꾸었다고 금세 변화가 일어나지 않는다. 다양한 요인을 하나, 둘씩 할 수 있는 한도 내에서 천천히 바꾸어가는 노력을 통해 눈에 띄는 변화를 만들 수 있다. 앤절라 더크워스(Angela Duckworth)의 그릿(GRIT)이 흥미의 일관성과 노력의 지속성을 하위 요인으로 둔 데는 이유가 있는 것이다.

수면무호흡증처럼 수면 중에 호흡이 잘 이뤄지지 않으면 뇌로 가는 산소의 양이 부족해지고, 산소부족은 질 좋은 수면을 방해한다. 긴 시간을 자도 피곤함을 느끼기 쉽고, 피곤하기에 짜증 내기 쉬워지며, 주의도 산만해진다. 아이들에게 숨이 차는 운동을 주 3회 30분 이상 시키며 체육 수업을 하는 이유이기도 하다. 건강한 발달을 위해 주의를 기울여야 할 것이 참 많다.

모든 것을 이해한다는 것은
모든 것을 용서하는 것이다.

프랑스 속담

노화에 대한 두려움은 우리의 힘이 젊음만이 줄 수 있는 것, 곧 아름다움에 뿌리내리고 있다는 그릇된 생각에서 비롯된다. 나는 그런 생각이 거짓임을 알아야 한다고 조언하고 싶다. 우리의 힘은 미모에서 나오지 않는다. 살아가는 방식에서 나온다.

··· 「우먼카인드」 13호, 32쪽

－·§·－

키가 크고 늘씬하며 보기 좋은 이목구비를 가진 이들을 좋아하는 건 본능이다. 따라서 본능에 따라 보기 좋은 외모를 가꾸는 데 열중하기 쉽다. 보기 좋은 외모보다 아름다운 삶의 방식이 오래도록 우리를 아름답게 만든다는 걸 어릴 때는 몰랐다. 몰랐기에 어리석었고, 어리석어서 실수할 때가 많았다. 보기 좋은 것을 찾느라 인간다운 삶을 놓친 적이 많았던 것이다. 따라서 교육은 살아가는 방식에 대한 것을 고민하고 가르쳐야 한다고 생각한다.

교실에는 많은 아이가 모여 있다. 교사는 많은 사람이 살아가는 방식을 관찰할 수 있는 것이다. 아침에 일어나 씻고 밥을 먹고 양치하고 가방을 챙기고 신발을 신고 학교에 온다. 실내화로 갈아 신고 교과서와 공책을 준비한다. 친구와 선생님과 인사를 나누고 자습을 하거나 과제를 하거나 수업에 참여한다. 해야 할 일을 스스로 챙겨서 해내는 것은 자신의 힘을 키우는 일이다.

더하여 타인을 대하는 태도도 중요하다. 집을 나설 때, 학교에 들어설 때, 교실에 들어갈 때 만나는 사람들을 대하는 태도. 사람을 대하는 눈빛과 목소리 등에 사랑과 우정의 감정이 배어있을 때 가까이에 사람이 모여든다. 모든 인간은 완벽하지 않다. 서로 기대어 살아야 하기에 사회를 구성하고 각자의 역할을 맡는다. 타인을 대하는 태도가 진실할수록 가까이에 도움을 주는 사람이 많기 마련이다. 남을 위한 일이 곧 나를 위하는 일이 되는 셈이다.

빨리 가려면 혼자 가고 멀리 가려면 함께 가라는 말이 있다. 눈앞의 이익에 정신이 팔려 혼자 가는 사람의 종말은 빨리 오고, 모두의 이익을 위해 함께 노력하는 사람의 미래는 오래도록 이어진다는 뜻으로 나는 읽는다. 한 사람도 빠짐없이 세상에 태어나 살아가는 중요한 의미가 있음을 가르쳐야 하는 이유가 여기에 있다고 나는 생각한다. 그것이 그 어떤 사람도 존중할 가치가 있다는 것을 확인시킬 테니까.

1960년대에 정서적으로 문제가 있는 아이들을 주로 치료했던 빈 태생의 심리학자, 브루노 베텔하임은 자폐의 기원을 설명하기 위해 '냉장고 엄마'라는 잘못된 용어를 널리 퍼뜨렸다. 베텔하임은 자폐증이 생물학적인 원인에서 비롯되는 것이 아니라, 엄마가 원치 않는 아이에게 애정을 주지 않아 생긴다고 주장했다. 많은 부모에게 극심한 고통을 주었던 베텔하임의 자폐이론은 현재 완전히 폐기되었다.

… 『마음의 오류들』 68~69쪽

학계에서 폐기된 지 오래된 이론이라 할지라도 사람들 사이에서는 끈질기게 살아남아 고통스럽게 만들기도 한다. 과거에 사로잡혀 현재를 외면하는 일이 아니라 현재를 몰라 과거에 기대어 사는 어리석음일지도 모른다. 교육도 그래야 한다고 생각한다. 과거의 이론에서 진일보한 현재의 이론에 주목해야 한다고.

학창 시절 방학 때 집으로 걸려오는 전화를 받으면 자주 듣던 말이 있다. "출근 안 하셨어요?" 아버지의 목소리와 너무 닮은 내 유전자의 힘이었다. 한 사람에게서 다른 사람에게로 혹은 다른 집단으로 생각이나 믿음이 전달되는 모방 가능한 사회적 단위를 '밈'이라고 부른다. 학계에도 밈이 있다. 사회적으로 널리 알려진 학자의 이론이 세대를 거쳐 전승된다. 백 수십 년 전에 주장한 학자의 이론을 배운 적은 있어도 최근 학계의 연구를 접하기는 어렵다. 그래서 베텔하임의 '냉장고 엄마'같이 이미 학계에서 완전히 폐기되었으나 유령처럼 사람들 사이에 자리 잡아 끈질기게 생명을 유지하는 것이 많다.

이론만이 아니다. 이론으로 부정된 수많은 편견과 고정관념도 깊게 뿌리 내려 많은 사람을 고통에 빠뜨린다. 아이를 키울 때 체벌이 필요하다고 여기는 다수의 성인, 남자아이는 거칠고 여자아이는 온순하다는 착각, 나이 어린 아이들을 가르치는 건 누구나 할 수 있는 일로 여기고 다 큰 성인을 가르치는 건 어렵고 힘든 일이라고 여기는 편견, 결혼 후의 노력보다 결혼 전의 궁합을 중시하는 어리석음 등 생각해보면 참 많은 밈이 우리를 고통에 빠뜨리는 것이 아닌가 생각한다. 인간에 대한 새로운 이해를 도와주는 책을 끊임없이 읽으며 폐기되거나 사라져야 할 개념이 나를 옭아매고 있지 않은지 늘 살펴보아야 할 것이다.

사랑해 엄마. 엄마가 나아졌으면 좋겠어. 행복해지고.

내가 도와줄게. 내가 할 수 있는 건 뭐든지 할 거야.

근데 여기 있진 못해. 여기서는 아무도 구할 수 없어.

나는 가야 해. 포기하지 마 엄마.

··· 영화 『힐빌리의 노래』 중에서

———— • ◇ • ————

보는 내내 어머니에 이입하며 봤다. 공부 잘하시던 어머니. 딸이라
는 이유로 학교에 보내지 않으신 할아버지. 일찍 결혼하신 어머니.
어머니를 응원하고 격려하신 할머니의 삶까지. 다른 나라, 다른 시
대에도 비슷한 삶을 살아가는 누군가를 보는 느낌. 응원하는 마음으
로 보게 되는 영화. 내가 도와줄게. 내가 할 수 있는 건 뭐든지 할 거
야. 포기하지 마, 애들아.

가끔 어머니는 할아버지를 원망하는 말씀을 하셨다. 딸은 공부할 필요가 없다며 학교에 보내지 않으려 하셨다고, 고등학교에 가고 싶었으나 끝내 보내주지 않았던 그 시절 할아버지에 대한 서운함을. 그냥 그런가보다 싶었다. 어릴 때는 몰랐다. 그것이 어머니만의 삶이 아니었다는 걸. 외할머니는 남자인 내가 부엌에 들어오지 못하도록 했다. 외갓집에 가면 할머니가 머무시는 작은 방과 할아버지가 머무시는 큰 방이 있었다. 그게 이상하다는 생각도 해본 적이 없었다. 그냥 그런 줄로만 알았다. 어느 누구도 이상하다, 잘못되었다는 말을 한 적이 없었으니까.

남중, 남고를 졸업하고 교대에 입학했다. 여성이 다수인 사회에서 소수인 남성으로 살아가는 게 녹록지 않았다. 졸업을 하고 교단에 서도 여전히 다수가 여성이었다. 대학원조차 그랬다. 교육대학원, 상담심리대학원 모두 여성이 다수였고 남성은 나 혼자였다. 오랫동안 여성이 다수인 사회에 살면서 자연스레 여성의 삶을 관찰하게 되었고, 그들이 겪는 고충을 이해하고 공감하게 되었다. 여성의 삶을 이해하고 공감할수록 남성의 삶이 위태롭고 불안하게 보였다. 돌봄과 양육에 거리를 두는 남성의 삶이 오히려 남성의 삶의 질을 저해하고 있다는 생각이 커졌기 때문이다. 남성과 여성이 서로의 자기실현을 위해 함께 노력하는 것이 남성과 여성 모두를 위한 일이라는 걸 공부할수록 확신하게 되었다. 여성의 삶을 응원하는 것이 곧 모든 인간의 삶을 응원하는 길이기 때문이다.

보오, 우리 밭 있지. 그쪽으로 가로등이 들어오면 안 돼.

밤에 불 들어오면 작물이 못 살아. 들깨가 다 죽는단 말이오.

그쪽으로는 가로등 하나라도 넣으면 안 돼. 내 말 알았는가?

… 『죽은 자의 집 청소』 154쪽

밤을 잃은 사회는 별도 잃었다. 캄캄한 밤이 되어야 비로소 제 존재를 드러내는 수많은 별을. 식물도 잠을 잔다는 걸 알게 된 후로 겨울만 되면 나무에 걸어놓는 수많은 전등이 불편해졌다. 수면시간이 불규칙해질수록 건강에 해롭다는 연구를 보며 24시간 편의점, 새벽 배송, 교대 근무를 다시 생각하게 되었다. 그들의 건강을 위해 우리 사회는 어떤 노력을 하고 있을까. 소비라는 명목으로 타인의 생명을 깎아먹고 사는 것은 아닐까 하는 불편함이 생겼다. 눈앞의 이익을 위해 멀리 있는 별의 존재를 잊고 사는 우리 삶의 의미는 무엇인지 묻게 된다.

밤에 불이 들어오면 작물이 죽는다는 걸 알기에 가로등 설치를 반대하는 사람이 있다. 그는 불이 들어오면 작물이 죽는다는 것을 어떻게 알게 되었을까. 경험했을 것이다. 열심히 키운 작물이 죽은 이유를 찾아보니 빛 때문임을 알게 되었을 것이다. 같은 실수를 반복하지 않기 위해 밤에 불이 들어오지 않는 땅에 작물을 심었을 것이다. 어두운 밤 길을 비추려는 가로등 가까이 고된 노동의 결실이 자라고 있기에 농부는 설치를 반대했을 것이다.

매주 분리수거를 한다. 택배 상자에 붙은 테이프 하나도 허투루 하지 않고 샅샅이 찾아 떼어서 버리지만, 분리수거장에 가면 그냥 버리는 사람이 태반이다. 분리수거장에서 악취가 날 때도 많다. 페트병이나 캔 혹은 병에 음료나 음식물이 묻은 채로 버리기 때문이다. 물로 헹구고 말려서 내다 놓아도 모자랄 판에 자신들이 함부로 버려놓고 인상을 찡그리며 빨리빨리 치워달라고 재촉하는 사람들. 그들은 분리수거 업체에서 종사하시는 분들의 노동을 어떻게 생각할까?

우리가 살아가는 데 꼭 필요한 일들을 해주시는 수많은 분의 노동이 있기에 건강하고 안전하게 살아갈 수 있다는 걸 가르쳐야 하지 않을까. 타인의 고된 노동 위에 자신의 편안한 삶이 있다는 걸 잊지 않고 그 고마움에 보답할 수 있는 사람으로 길러야 하지 않을까. 타인의 노동을 함부로 대했던 실수를 다시는 반복하지 않는 것이 우리의 미래를 더 나은 사회로 만들기 위한 미래교육이 아닐까.

대화를 나눈다는 것

어릴 적 저보다 나이가 열다섯이나 많은 분을 매주 만났습니다. 아니 그분이 저를 찾아오셨어요. 만날 때마다 고개를 깊이 숙이며 인사를 하셨습니다. 그리곤 물어보셨어요. 어떻게 지냈는지, 어떤 책을 읽고 있는지를요. 초중고 시절 만나 뵈었던 분 중 가장 기억에 남는 분입니다. 나이 어린 저를 찾아와 존중하는 마음을 담아 인사를 하고 제 삶에 관심을 기울여 주신 어른은 처음이었거든요.

중학생 시절 아침 자습 시간에 헤밍웨이의 '누구를 위하여 종은 울리나'를 읽고 있었습니다. 자습을 감독하시던 선생님은 제 뒤통수를 때리시더니 "종은 왜 울려? 이 XX야"라고 하면서 책을 빼어가셨어요. 학생이 하라는 공부는 안 하고 이상한(?) 책이나 읽고 있으니 그러셨겠죠. 그때는 참 화가 났는데, 지금에 와서 생각해보니 1989년도에는 그럴만한 시절이었구나 싶었습니다.

　바로 그 시절 상반된 태도로 저를 찾아와 대화를 나누어주신 그분을 통해 저는 '대화'가 무엇인지 배운 것이 아닐까 생각합니다. 나이가 많건 적건 똑같은 인격을 가진 사람으로서 이야기 나누는 것이 진짜 대화라는 것을요. 나이, 성별, 종교, 젠더, 장애, 인종, 국가, 이념 등의 차이와 상관없이 눈앞의 한 사람과 무릎을 맞댄 대화만이 사람과 사람 사이에 놓인 불신의 벽을 넘어서게 할 수 있다는 생각을 갖게 해주신 그분 덕에 저도 조금은 대화할 줄 아는 사람이 되었구나 싶습니다.

아메리칸드림

1) 제임스 애덤스의 〈미국의 서사시(The Epic of America)〉의 결론부에서 처음으로 쓴 말.

2) 그것은 단지 자동차나 높은 급여에 대한 꿈을 의미하지 않는다. 모든 사람이 자신의 잠재력을 발휘하여 뭔가를 최상까지 이뤄낼 수 있는, 그리고 태생이나 지위와 관계없이 자기 자신으로서 남들에게 인정받을 수 있는 사회질서의 꿈이다.

… 『공정하다는 착각』 350쪽

누구나 자신과 타인이 하는 일의 의미를 인식하고 서로가 서로에게 필요한 존재임을 마음으로부터 인정하고 존중하는 것. 불교의 연기론이 생각난다.

긍정심리학의 '일의 의미' 관련 연구와 '감사' 관련 연구가 사회 통합에 중요한 역할을 할 것이라 생각하게 된다. 내가 하는 일이 나와 관계없는 타인을 위한 일이 된다는 것을, 나와 관계없는 타인의 일이 내가 살아가는 바탕이 되어준다는 걸 아는 것이 결국 모든 이가 자신의 잠재력을 최상으로 발휘하게 하지 않을까 생각하게 된다.

가끔 졸업한 학생으로부터 연락을 받을 때가 있다. 잘 지낸다는 연락을 하기가 망설여진다는 말을 자주 듣는다. 사람들이 생각하는 좋은 학교, 좋은 직업을 얻지 못했다는 마음에 위축된 것이다. 아이들에게 건강하게 잘 지내는 것만으로 충분하다고 말해도 내 마음이 상쾌하지 않았다. 꼭 좋은 대학에 진학하고, 좋은 직업을 얻어야만 행복한 삶인 것은 아니다. 행복은 좋은 대학과 좋은 직업으로 결정되지 않는다. 건강한 삶의 패턴을 유지하며 지금 머무는 자리에서 최선을 다하는 하루하루를 쌓아가며 행복한 삶을 이어가는 것이 중요하다.

늘 자신이 하는 일을 하찮게 여기고, 내 옆에 있는 이들을 가벼이 여기며, 자신의 건강을 함부로 다루는 삶이야말로 불행한 삶이 아닐까? 내 옆에 있는 사람을 소중히 여기고, 내가 하는 일을 가치롭게 여기며, 오래도록 가까이 있는 이들을 지키고 가치로운 내 직업을 위해 나의 건강을 소중히 여기는 삶, 그 자체로 흔들리지 않는 행복이 만들어진다고 나는 생각한다.

그 어떤 사람도 세상에 태어나 살아가는 이유가 있다. 모든 사람에게 우리가 세상에 태어난 의미를 일깨우고, 알아주고, 오래도록 잊지 않고 살아가도록 도와주는 것이 바로 교육이 해야 할 일이 아닐까. 나이, 성별, 젠더, 장애, 인종, 국가, 종교 등의 차이와 상관없이 누구나 자신이 가진 잠재력을 최대로 발휘하도록 이끌어주는 것이 바로 교육이어야 하지 않을까. 태생이나 지위와 상관없이 누구나 자신으로서 인정받을 수 있는 사회질서의 꿈, 즉 아메리칸드림이 추구하는 바도 이와 같지 않을까 생각한다.

아코디언은 멜로디를 연주하는 악기예요.

감정을 건반으로 노래하듯 연주하는 게 매력이지요.

갈비뼈를 건반 삼아 잘 때도 연주했지요.

세상에 그처럼 즐거운 일이 없었습니다.

사람들은 내가 음지에서 음악 한다고 하는데,

누가 보지 않지만, 최선을 다하는 그곳이 양지입니다.

… MBC 〈놀면 뭐하니?〉 24회. 아코디언 연주자 심성락님의 이야기

교육은 사람을 키우는 방법이에요. 사람의 성장을 오랫동안 지켜보고 이끌어주는 게 매력이지요. 책을 읽어도, 영화를 봐도, 여행을 가도 수업이랑 연결했어요. 세상에 그처럼 행복한 일은 없었습니다. 사람들은 내가 고작 어린 애들을 가르친다고 하는데 누가 알아주지는 않지만, 아이들을 가르치는 일이 가장 중요한 일이라 생각해요. 우리가 살아갈 사회를 만들어갈 이들이 바로 내 눈앞에 있는 아이들이니까요.

주말마다 쓰레기봉투와 집게를 들고 산책로를 돌며 쓰레기를 줍는 어른을 본 적이 있다. 한 번, 두 번, 세 번… 볼 때마다 그 어른의 손에는 쓰레기봉투와 집게가 있었다. 처음에는 공공근로를 하시는 분인 줄 알았다. 하지만 늘 혼자이셨고 주말 이른 아침에 만났다. 자꾸 만나다 보니 그분의 행동을 관찰하게 되었고, 어른의 시선이 늘 바닥으로 향하며 쓰레기가 보이면 망설임 없이 다가가 집게로 쓰레기를 주워 담는 모습을 보았다. 누가 알아주지 않아도 내가 사는 곳을 아끼고 사랑하는 마음을 행동으로 옮기시는 어른의 모습에 고개가 절로 숙어졌다.

기간제교사 시절 매일 아침 일찍 출근해서 연구실 청소를 했다. 내가 하는 일을 소중히 여기는 방법이었고, 내가 머무는 곳을 깨끗이 하는 것이 나를 소중히 여기는 방법이라고 배웠기 때문이었다. 부장 교사를 할 때는 남에게 일을 미루기보다 솔선하려 노력했다. 업무보다 아이들을 우선하려고 노력했고, 동료 교사와 학급 아이들의 고민에 귀 기울이려 노력했다. 누가 알아주지 않는다는 걸 잘 알고 있었다. 내 인생의 스승과 한 약속이었고, 내가 하는 일을 내가 어떻게 대하느냐가 남들이 내가 하는 일을 어떻게 대하느냐보다 중요하다고 생각했기 때문이었다. 지금 할 수 있는 일, 지금 해야 하는 일, 지금 하고 싶은 일을 하는 바로 이곳이 내가 생각하는 양지라고 나는 생각한다. 그래서 나는 심성락 선생님의 말씀에 깊이 공감한다.

사춘기 우울증이 지나치게 심하거나 오래 지속될 때는 부모와 대화를 나누는 것보다 전문가의 도움을 받는 것이 중요하다. 대화를 하고 생각을 나누고 경험을 공유하는 기회를 자주 갖는 것이 부모가 자녀와 유대감을 기르는 효과적인 방법이다. 부모의 지도와 도움이 10대 시절에 아이가 필요로 하는 관계를 맺을 수 있는 방법이다. 부정적인 생각과 감정을 다루는 법을 배우는 일이 중요하다.

··· 『여자, 뇌, 호르몬』 117쪽

━━━━━━━ ·■· ━━━━━━━

일상을 공유하고 아이의 생각과 느낌을 묻는 일이 얼마나 중요한지 가리킨다. 더하여 부모의 비관적 사고가 아이에게 어떤 영향을 주는지도 알게 된다. 모든 걸 부모가 해결할 수는 없다. 때로는 전문가의 도움이 필요하다. 이는 모든 걸 부모의 책임으로만 미뤄서도 안 된다는 걸 뜻하기도 한다고 생각한다.

오래 전 한 아이가 과학실에서 난동을 피운 적이 있었다. 과학실 앞 교실에서 수업을 하던 나는 아이 담임 선생님의 요청으로 과학실에 들어가 아이를 데리고 나왔다. 아이는 소아우울증이 확실해 보였다. 끊임없이 자살 생각을 표현했고 나는 아이를 진정시키는 데 집중했다. 아이의 담임 선생님께 반드시 부모님께 연락드려서 소아정신과에 가보시라고 말씀드리도록 부탁드렸다. 담임 선생님은 부모님께 연락을 드렸다. 그리고 한 달이 지났다. 같은 일이 반복되었다. 다시 부모님께 사안을 전달해드리고 하루 빨리 전문가의 치료를 받도록 안내해드렸다.

몰랐다. 아이의 어머니께서 심각한 우울증이신 줄은. 월요일 아침 출근하고 소식을 들었다. 어머니도 아이와 아이의 동생도… 더 이상 만날 수 없었다. 아이의 담임이 아니었던 나조차 한동안 너무 힘들었다. 아이의 아버지는, 아이의 담임 선생님은, 아이의 반 친구들은 어떤 도움을 받았을까. 글쎄… 잘 기억나지 않는다. 그때는 그랬다. 마치 아무 일 없었던 것처럼 수업을 하고 밥을 먹고 집으로 돌아갔다. 문득문득 생각나는 아이의 표정과 목소리에 힘들어도 누구에게 말할 곳이 없었다. 말한다고 들어줄 사람도 없었다. 그렇게 기억은 흩어진 채로 뿌리를 내렸다. 부모도 교사도, 아이도 혼자가 아니면 좋겠다. 모두를 위해 교사와 학부모가 더 많은 전문가와 함께 학교 안에서 학생의 성장을 위해 애쓰는 학교가 되면 정말 좋겠다.

여러 연구 결과가 '자기보다 못한 사람과 자신을 비교하는 것에는 감사처럼 이로운 효과가 없다는 것'을 보여준다. 감사는 자신이 가진 것들의 가치를 실제로 음미하는 데서 오는 감정이다. (중략) 감사의 힘은 시기심을 줄이고, 이미 자신이 지니고 있는 것의 가치를 높이고, 그럼으로써 삶에 대한 만족도를 높여주는 데 있다.
… 『우울할 땐 뇌과학』 249쪽

타인과 비교하며 우월을 가리는 행위는 자신은 물론 타인의 존재 의미를 낮춘다. 인간은 누구나 존재의 의미가 있으며, 스스로 존재의 의미를 다하여 살아가도록 서로 돕는 것이 사회가 존재하는 이유이고 교육이 존재하는 이유라 생각한다. 진정한 감사는 타인의 존재에 고마움을 갖게 하고 자타 공히 서로의 존재 의미를 확인케 도와준다. 그래서 감사는 초월성 덕목 아래 강점에 있다. 자신 이외 타인의 삶을 품에 넣고 살게 하기 때문이다.

자신보다 못한 사람과 자신을 비교하는 것에는 아무런 이로움이 없다는 연구를 보고 제일 먼저 떠오른 장면이 하나 있었다. 어떤 부모가 사회적으로 폄하 받는 일을 하는 사람을 가리키며 자녀에게 이런 말을 건네는 장면이. "너 공부 못하면 저렇게 된다."

사회 경제적 지위에 따라 사람을 대하는 태도가 달라지는 사람들은 타인의 삶을 쉽게 폄하한다. 학력과 성별, 인종과 국가, 나이와 종교 등으로 사람 사이에 위계를 만들고 타인을 경시한다. 모든 사람을 같은 태도로 대하지 않는다. 겉으로는 교양있는 척하지만, 말과 행동의 불일치로 자신의 야만을 드러내는 것이다.

오래전 어느 지역 교육청 교육장이 학교에 방문한 적이 있었다. 그는 교장실에 들러 차 한잔을 마시고 있었고, 교장은 일하느라 바쁜 교무부장에게 '모든 부장교사에게 교장실에 내려와 교육장에게 인사드리도록' 하라고 연락했다. 영문을 모르고 교장실에 내려간 우리는 속으로 헛웃음을 지으며 속없는 웃음을 짓고 인사를 했다. 의전을 빌미로 존경을 강요하는 권위주의 문화였던 것이다.

많은 사람이 사회적 강자를 존중하는 법은 가르쳐도 사회적 약자를 존중하는 법은 가르쳐주지 않았다. 어린아이를, 여성을, 장애인을 소중히 여기고 존중하는 법을 말하고 실천하는 사람을 만나기 어려웠다. 교육을 받은 문명인이라면 강자보다 약자를 소중히 여기는 사람이어야 하지 않을까 나는 생각하게 된다.

나와 다른 편에 선 이를
비인간화하고 악마로 모는 순간
우리는 서로의 차이를
평화롭게 해소할 가능성은 던져버리고
상대편에 대한 폭력을
정당화하려 애쓸 뿐이다.

넬슨 만델라

배운다는 건 꿈을 꾸는 것
가르친다는 건 희망을 노래하는 것

우린 알고 있네 우린 알고 있네
배운다는 건 가르친다는 건
희망을 노래하는 것

··· 간디학교 교가 '꿈꾸지 않으면' 중에서

사람은 변한다. 변하는 사람들에 의해 사회는 나아간다. 사회를 이루는 구성 요소가 사람이고, 모든 구성원이 배움을 놓지 않는다면, 타인의 목소리에 귀를 기울이는 배우는 태도를 잃지 않는다면 단 한 사람도 '비참'이란 두 글자에 맞설 수 있지 않을까? 끊임없이 '사람은 변하지 않는구나'라는 회의에 맞서서 사람은 변한다는 확신으로 가르침을 멈추지 않는다면 언젠가 우리 사회에 비참이란 두 글자를 없앨 수 있지 않을까?

3월 2일. 해마다 아이들을 처음 만나는 날. 아이들 모습을 가만히 지켜보면 가늠이 된다. 과거에 가르쳤던 아이들과 지금껏 공부해온 지식 등을 바탕으로 짐작해보는 것이다. 하루라도 빨리 아이들의 이름을 외우고, 얼굴을 기억하려고 노력한다. 사람은 나를 알아주는 사람을 좋아하기 마련이니까. 그렇다. 교사인 나는 아이 한 명 한 명을 있는 그대로의 사람으로 알아주는 사람이어야 한다. 그래야 라포가 형성되고 신뢰가 쌓일 테니까.

아이들과 어떻게 신뢰를 쌓을 수 있을까? 신뢰를 쌓았다면 무엇으로 확인할 수 있을까? 물어보면 알 수 있을까? 믿는다는 아이의 말을 믿을 수 있을까? 믿었던 아이가 발등 찍는 일은 없을까? 있다. 많다. 셀 수 없이 많다. 신뢰를 무너뜨리는 말과 행동을 밥 먹듯이 한다. 그 작은 상처가 쌓이고 쌓이면 포기해야 할까? 정말 신뢰를 무너뜨린 아이는 아무 노력도 하지 않는 것일까? 혹시 내 마음부터 아이보다 먼저 포기하고 있었던 것은 아닐까?

나는 나를 얼마나 쉽게 바꿀 수 있을까? 작은 변화에도 오랫동안 포기하지 않고 노력해야 가능하지 않았나? 아니 포기하고 외면한 적은 없었던가? 어른도 스스로를 바꾸려면 오랜 노력이 필요하고 때로는 포기할 때도 있는데 아이들도 똑같지 않을까? 노력이 필요하다면 기다려주고, 포기하고 싶을 때는 격려해주는 것이 어른이 아닐까. 그 물러섬 없는 상처받을 용기가 바뀌지 않는 것을 바꾸는 힘을 길러주지 않을까? 그것이 피그말리온이고 로젠탈 효과이며 교사가 존재하는 이유이자 교사의 역할이 아닐까 나는 생각한다.

난 사람이나 생에 대해, 결정적으로 실망하지 않는다. 그 종례 시간 이후 그래왔다. 누군가가 날 봐줬다. 내 마음을 봐줬으니 영영 혼자는 아니다. 선생님은 나를 발견해줬다. 마음을 끌어안아 줬다.

… 『수업』 96쪽

오늘은 어떤 아이의 마음을 발견해볼까? 오늘은 어떤 타인의 마음을 끌어안아 줄까? 학생의 마음을 알아주는 교사이어도 좋고, 자녀의 마음을 알아주는 부모여도 좋고, 동료의 마음을 알아주는 조직이어도 좋지 않을까? 나를 알아주는 타인을 만나도 생에 대하여 실망하지 않는 사람이 되지 않을까? 그것이 리질리언스 연구가 가리키는 내 곁을 지켜주는 단 한 사람이 아닐까? 그렇다면 내가 만나는 모든 타인에게 나 자신이 바로 그 한 사람이 되어줄 수 있지 않을까?

"고생했다." 꽤 오랫동안 힘들게 끌고 온 일을 마치고 사람들과 모여서 이야기를 나누던 자리였다. 한 선배가 어깨를 토닥이며 고생했다는 말을 건네는데 나도 모르게 울컥했다. 형은 알아주는구나, 얼마나 힘들고 외롭고 속상했는지를 알아주는구나, 얼마나 애쓰고 애썼는지 형은 알아주시는구나 싶었다. 가끔 먼저 연락을 하고 안부를 물어주는, 자기 집으로 불러서 밥도 해주고 속 깊은 이야기도 먼저 꺼내주는, 마치 나에게 털어놓고 싶었다는 듯이 나에 대한 깊은 신뢰를 보여주는, 그런 형이 있다.

아이들과 일대일의 약속을 한다. 스스로를 위해, 가족을 위해, 반 친구를 위해 매일 실천 가능한 일 한 가지씩 적게 한다. 그 약속을 하나하나 잊지 않고 기억하고 가끔 물어본다. 노력하고 있는지, 약속을 잘 지키고 있는지를. 그것이 아이 한 명 한 명을 소중히 여기는 나만의 방식이다.

나 역시 아이들에게 약속을 한다. 나 자신을 위해 매일 어떤 노력을 하고 있는지, 가족을 위해 어떤 실천을 하고 있는지, 반 아이들과 학교의 모든 학생을 위해 무엇을 하고 있는지를 이야기한다. 우리 반 아이들이 내 노력을 알아주는 사람이고, 나와 우리 반 아이들이 서로의 노력을 알아주는 사람이 될 수 있으니까. 아무도 보지 않는 곳에서 모두를 위해 애쓰는 교사와 학생의 하루하루가 바로 사제불이이자 동지로서 절차탁마하는 모습일 테니까.

웨일스 소재 학교에서 진행한 한 연구에서는 점심시간을 단 몇 분만 늘려도 아이들이 급식에서 과일과 채소를 선택할지 말지가 달라진다는 사실이 드러났다. 아이들은 점심시간이 짧아질수록 감자튀김을 더 많이, 채소를 더 적게 먹었다.

···『식사에 대한 생각』 217쪽

식사, 수면, 운동, 독서 그리고 관계. 건강하고 행복한 삶을 유지하기 위해 가장 필요한 것들. 특히나 성장기 아이들에게 중요한 영양소와 칼로리를 고려한 학교 급식을 제공하는 데만 초점을 둘 뿐 급식을 먹는 아이들의 식습관에 대한 사회적 관심은 적다. 해가 갈수록 급식지도가 힘들어진다. 스트레스 받으며 먹이기보다 먹고 싶은 걸 먹게 하는 게 낫다는 교사와 부모가 많아서. 성인기 이후 건강을 위해서도 학교 급식이 중요하다는 연구가 많다. 아이들의 건강을 위해 점심시간을 충분히 확보해야 하는 이유가 있는 것이다.

음식 섭취 후 혈당이 상승하는 속도를 나타내는 혈당지수(GI-Glycemic Index)가 있다. 대부분의 가공식품은 비가공식품에 비해 혈당지수가 높다. 원재료를 직접 조리한 급식에 비하여 과자나 탄산음료 같은 패스트푸드의 혈당지수가 높다. 혈당지수는 빨리 올라간 만큼 인슐린의 과잉 분비를 일으키고, 인슐린이 과잉 분비되면 혈당이 낮아지면서 체지방 축적이 일어나 비만이 촉진된다. 혈당이 빨리 올라간 만큼 인슐린에 의해 빨리 떨어지고 비만이 될 가능성이 커지는 것이다.

우리가 섭취하는 에너지의 20%는 늘 뇌에서 소모된다. 등교 후 수업에 참여하면 인지에너지가 더 필요해진다. 공복에 사용할 에너지가 적다면 입력된 정보를 처리하기 어려워지고 생각을 멈추기 쉬워 학습이 일어나기 어려워진다. 아침 식사를 챙기는 습관은 인지 활동에 필요한 에너지를 꾸준히 제공함으로써 뇌에서 식욕을 억제하는 렙틴이란 호르몬을 분비하여 에너지 소비를 증가시킨다. 규칙적인 식사가 비만 예방은 물론 학습에도 긍정적인 것이다.

스트레스 받으면서 먹기 싫은 음식을 먹는 것보다 먹고 싶은 것만 먹는 게 낫다고 하는 사람이 많다. 성장이 다한 어른이라면 상관이 없다. 하지만 아이들이 건강하게 발달하려면 필요한 영양소와 적당한 칼로리를 일정한 간격을 두고 섭취해야 한다. 필요한 영양소와 적당한 칼로리 섭취가 성인기 이후의 건강한 삶을 유지하는 토대가 되기 때문이다. 급식지도를 하는 교사의 점심시간이 근무시간에 포함되는 것은 그런 이유 때문이다.

에튼버러 효과 attenborough effect

잘 만들어진 영상이나 화려한 발표를 볼 때 훨씬 더 자신이 잘 이
해하고 많이 배운다고 느낀다. 여기에는 문제점이 하나 있다. 이
런 효과가 사실은 모두 환상이라는 것이다. 신박하고 자극적인
이미지를 찾기 위해 노력하기보다는 나의 콘텐츠와 아이디어, 스
토리를 다듬는 데 더 많은 시간을 투자하는 것이 좋다.

··· 『사람은 어떻게 생각하고 배우고 기억하는가』 73쪽

교사가 잘 만들어진 영상이나 정제된 PPT로 깔끔하게 내용을 전달
했다고 해서 학생이 잘 이해하고 많이 배운 것은 아니라는 뜻이다.
학습자가 배운 것을 얼마나 잘 표현하느냐, 이전보다 더 배움의 확
장이 있었느냐, 배운 것을 토대로 자기 생각이나 느낌을 어떻게 표
현하느냐가 더 중요하다. 더불어 남이 만들어놓은 질문에 답하는 일
보다 스스로 질문하고 답을 찾아가는 과정이 더 중요하지 않을까 나
는 생각한다. 그래서 묻는다. 아이들의 생각은 어떤지를.

교과서와 지도서를 펴고 수업을 준비한다. 가르쳐야 할 내용을 확인하고 수업에 필요한 영상을 찾은 후 가르쳐야 할 내용에 알맞은 수업 방법에 따라 PPT를 만든다. 지도안대로 수업을 마무리한다. 지도안대로 수업이 잘 마무리되어도 수업 내용에 대한 학생의 이해 역시 높은 것은 아니다. 무엇이 문제일까? 수업 방법일까, 학습 내용일까? 혹시 학습 내용이 학생의 발달에 부적합한 것은 아닐까? 핵심역량을 획득하는 것이 중요할까? 학습 내용을 습득하는 것이 더 중요할까? 핵심역량이 아닐까? 학생 수준에 적합한 학습 내용과 방법을 통해 핵심역량을 획득하도록 이끄는 것이 더 중요하지 않을까? 그렇다면 교과서대로 가르치기보다 필요한 핵심역량을 가르치기 위해 학습 내용을 교사의 재량껏 재구성하는 것이 더 낫지 않을까?

수업 중 교사의 질문에 답하는 일은 익숙하지만, 수업을 들으며 자신의 머릿속에 떠오르는 질문을 표현하는 일은 드물다. 남이 만들어놓은 문제를 푸는 건 익숙해도 자신이 문제를 만들어 푸는 건 어색하다. 우리나라에서 가장 많이 팔리는 책이 문제집이라는 건, 남이 만들어놓은 문제를 푸는 일에 얼마나 열심인지 알려주는 지표가 아닐까. 학생에 대한 깊은 이해와 관심보다 학생을 본 적도 없는 이들이 만들어놓은 교과서의 학습 내용에 관심을 갖고 이해하려는 노력이 더 중요한지 나는 잘 모르겠다. 오히려 교과서대로 가르치는 것이 학생의 성장을 가로막는 것이 아닌가 생각하게 된다.

———————

사랑받기보다는
사랑하는 사람이 되어라.

스탕달

———————

1) 미국에서 온 가족이 함께 식사하는 빈도는 지난 20년 동안 33 퍼센트 감소했다. 식사 시간도 평균 90분에서 12분으로 줄었다.

2) OECD 조사에 따르면 정기적으로 가족과 식사하지 않는 15 세 청소년이 학교를 무단결석할 가능성이 두 배 높은 것으로 나타났다.

3) 유럽에서는 일주일에 두 번 이상 부모님과 저녁을 먹지 않는 아이들은 비만이 될 확률이 40퍼센트 더 높다는 연구 결과도 있다.

4) 미국 컬럼비아대학교 중독 및 약물남용센터에서 실시한 또 다른 연구는 일주일에 다섯 번 이상 부모와 함께 저녁을 먹는 아이들이 마약과 알코올 문제가 적다는 것을 발견했다.

··· 「뉴필로소퍼」 12호, 11쪽

———— · ■ · ———

부모와 함께하는 시간을 보장하는 것이 곧 아동청소년을 위한 복지이자 건강한 교육환경이라는 의미. 부모가 자녀와 저녁 식사를 함께하는 것이 왜 중요한지 알려주는 근거. 사회의 복지예산을 절감하는 가장 효과적인 방법은 건강한 가족 문화를 만드는 일이라는 뜻. 12시간 온종일 돌봄(아침 8시~저녁 8시)이 아이들에게 미치는 영향에 대해 생각해야 할 점들.

가장 길게 일하는 나라답게 부모가 마음껏 일하도록 12시간 온종일 돌봄을 공약으로 내놓는 정치인이 주목받는 사회에서는 누구도 아이의 의견을 묻지 않는다. 돌봄 교실에 함께 있던 친구들이 하나둘 집으로 돌아갈 때, 아이는 학교에 있어야 하는 처지를 슬퍼한다. 하지만 속상한 마음을 드러내지 않는다. 부모님도 어쩔 수 없는 상황이라는 걸 잘 알기 때문이다.

소득에 따라 거주지가, 거주지에 따라 부모와 함께하는 시간이, 부모에 따라 자녀와 함께하는 시간의 질이 달라진다. 아이에게 가장 중요한 것은 소득일까, 거주지일까, 부모와 함께하는 시간일까, 부모와 함께하는 시간의 질일까? 자녀와 함께하는 시간이 많은 부모가 아이와 좋은 관계를 맺을 가능성이 크다. 그렇다. 가능성이 클 뿐 반드시 좋은 관계를 맺는 것은 아니다. 함께 있는 시간 동안 아이와 어떻게 지내느냐가 더 중요하다.

부모와 정기적으로 식사를 하는 가정의 아이들이 더 안정적이라는 연구에서 빠진 것이 있다. 자녀와 어떤 대화를 나누느냐다. 일과를 마치고 마음 편히 모여 앉아 밥 먹는 자리에서 어떤 이야기를 나누는가? 성적을 말하고, 하지 못한 숙제 이야기를 꺼내고, 여기저기 벗어놓은 빨래를 지적하는 자리라면 함께 식사하고 싶을까, 같이 이야기 나누고 싶을까? 소득에 따라 거주지도, 부모와 함께하는 시간도 달라질 수 있다. 하지만 부모가 아이를 대하는 모습은, 아이와 나누는 대화 내용의 차이는 소득과 상관없다. 소득이 높고 낮음에 따라 달라지는 인격은 본래의 모습이 아닐 테니까.

내 삶은 때론 불행했고, 때론 행복했습니다. 삶이 한낱 꿈에 불과하다지만 그럼에도 살아서 좋았습니다. 새벽에 쨍한 차가운 공기, 꽃이 피기 전 부는 달큰한 바람, 해 질 무렵 우러나는 노을의 냄새… 어느 하루 눈부시지 않은 날이 없었습니다.

지금 삶이 힘든 당신, 이 세상에 태어난 이상 당신은 이 모든 걸 매일 누릴 자격이 있습니다. 대단하지 않은 하루가 지나고 또 별거 아닌 하루가 온다 해도 인생은 살 가치가 있습니다.

… JTBC 드라마 〈눈이 부시게〉 12화 중에서

우연히 본 드라마. 치매를 겪는 노인을 통해 비춰보는 인생 이야기에서 삶의 의미를 생각하게 되었다. 보이지 않는 곳에서 기울이는 노력 따위 아무도 알아주지 않는 것은 물론이려니와 그 노력에 고마워하기는커녕 트집을 잡고 비난하기 일쑤인 일들이 벌어져 깊은 우울에 빠졌을 때 〈눈이 부시게〉를 봤다. 남들이 뭐라 한들 세상을 위한, 아이들을 위한 공부와 작은 실천 그 자체가 내 삶을 눈부시게 만드는 것이라는 생각이 들었다. 좋은 드라마를 통해 내 삶이 빛나 보였다. 내 삶을 빛나게 해준 드라마 작가분들에게 멀리서나마 감사의 마음을 전하고 싶다.

가끔 죽음에 대해 생각한다. 갑작스런 사고를 당해서 말 한마디 남기지 못한 채 세상을 떠나거나 알 수 없는 병에 걸려 시한부 인생을 살게 된다면 가족에게 어떤 말을 남겨야 할지를. 랜디 포시의 『마지막 강의』를 읽었다. 삶의 마지막 순간에 아내와 아이들에게 하고 싶은 말이자 학생들에게 하고 싶은 말을 쓴 책은 깊은 감명을 주었다. 지금 내 옆에 있는 이를 위해 어떤 삶을 살아야 하는지, 지금 내가 하는 일을 어떤 태도로 임해야 하는지 다시 생각케 했다.

긍정심리 수업 중에 묘비명을 쓰는 과정이 있었다. 묘비명이라…. 나는 남은 이들에게 어떤 삶을 살았다는 평가를 받고 싶을까. 나는 딱 한 문장으로 정리했다. '사제의 삶을 살고 또 살다.' 왜 살아야 하는지, 어떤 인생을 살아야 하는지, 어떻게 살아야 하는지를 가르치고 배우며 실천하는 삶을 살고자 노력했다.

살면서 삶의 의미를 부정하는 사건을 많이 접하게 된다. 사람이 사람을 함부로 대하고, 이용하고, 착취하는 일들을. 그때마다 인간 자체에 대한 혐오에 휩싸이고 삶에 대해 깊이 절망하게 되는 것 같다.

별거 아닌 하루를 최선을 다해 살아가는 사람들을, 밝은 표정으로 반가운 목소리로 인사하는 아이들을, 아무것도 해준 것이 없는데 고마움을 전하는 동료와 학부모를 만난다. 그 고마움에 보답하기 위해 나도 더 오래도록 건강하게 살고 또 살아야겠다는 다짐을 한다. 그 다짐이 내가 죽음을 대하는 태도다.

현재 만나는 사람에 대한 사랑의 감정과 성적 끌림에 대해 생각해보라고 했다. 사랑에 대해 생각한 사람들은 다른 매력적 상대에 대한 생각을 억누르는 과제를 잘해냈고, 성적 끌림에 대해 생각한 사람들은 그런 생각을 참을 수 없었다(Gonzaga et al., 2008).

… 『사회심리학』 381쪽

성을 터부시하는 사회가 문제라기보다 사랑은 논외로 하고 성교육만 다루는 것이 문제가 아닌가 생각한다. 사랑하는 사람과의 스킨십은 사랑하는 사이가 되어가는 과정에 대한 논의에서 출발해야 함에도 과정은 생략된 채 성 그 자체에만 초점을 두면서 상대에 대한 존중을 잃게 되는 것이 아닐까.

서로 다른 젠더의 타인이 한 자리에 마주 앉아 눈을 맞춘다. 얼굴이 붉어지고 말이 빨라진다. 지나치게 긴장해서 말문이 막히거나, 아무 말이나 내뱉기도 한다. 궁금하다. 상대는 나를 좋아할까, 싫어할까. 무엇을 좋아할까. 음악? 미술? 운동? 영화? 공연? 음식? 상대의 옷차림, 표정, 말투, 제스처, 낯선 타인을 대하는 태도 등 많은 것을 주의 깊게 지켜본다. 왜 자세히 관찰하려 들까? 알고 싶기 때문이다. 상대의 나에 대한 마음을, 지금 이 순간의 느낌을 알고 싶기 때문이다. 마음을 얻어야 하기에 조심스럽게 눈치를 본다. 사랑은 바로 이 설렘과 긴장 속에서 상대를 존중하며 시작한다. 어떻게 마음을 얻을 수 있을까, 사랑을 시작할 수 있을까, 어떤 사랑을 만들어갈까를 고민하는 것에서 출발해야 건강한 성에 다다를 수 있다. 시대가 바뀌어도 여전히 젠더 간 사랑은 상대에 대한 이해와 존중을 필요로 한다.

　낯선 타인과의 눈 맞춤에서 시작된 두근거림을 설렘으로 해석하느냐, 성적 끌림으로 해석하느냐의 차이가 중요하다고 한다. 학교 안에서 마주하는 서로 다른 젠더 사이에 쉽게 경험하는 것은 성이 아니라 사랑이다. 함께 모여 이야기를 나누고 숙제를 하고 공부를 한다. 하나의 공간에서 서로 다른 젠더의 사람들이 각자의 생각과 느낌을 자유롭게 주고받는다. 모두가 타인의 사랑에 대한 다양한 논의를 손쉽게 경험하고 표현하는 과정을 통해 성 이전에 사랑을 떠올리게 하여 건강한 사랑을 만들어가도록 도울 수 있다. 이 점이 학교 교육에서 사랑 교육을 더 중요하게 여겨야 하는 이유가 아닐까 나는 생각한다.

사람들이 대화하는 법을 배우기 시작할 때
비로소 사람들은 서로 동등해질 수 있다.

··· 『인간의 내밀한 역사』 82쪽

평등이란 말이 선언에서 그치는 것이 아니라 현실로 드러나기 위해
서 필요한 것이 바로 대화라고 생각하는 이유.

대화가 가능하다는 것을 믿고, 대화를 포기하지 않는 것이 민주주의
사회를 살아가는 시민성이라고 생각하는 이유.

상대를 대화상대로 여기지 않는 태도가 민주주의의 가장 큰 적이라
고 여기는 이유.

교육의 목적은 결국 대화를 통해 서로를 동등한 인격으로 대하는 것
임을 가리킨다고 생각하는 이유.

자리에 앉아. 뛰지 마. 책 펴. 여기 봐. 그만해. 싸우지 말라고 그랬지. 어디서 눈을 똑바로 떠? 어른이 아이에게 자주 하는 말들이다. 높은 위계에 있는 사람들이 자신보다 아랫사람에게 자주 하는 말들이기도 하다. 상대의 의지와 상관없이 자신의 뜻에 따라 상대를 통제하려는 말과 행동. 자신도 타인의 지시에 따르는 것을 자존심 상해하면서도 타인의 자존심을 상하게 지시를 내리는 것은 의식하지 못한다.

지시는 쉬워도 대화는 어렵다. 눈높이를 상대에게 맞추고 이야기를 나누는 것은 상대의 목소리에 귀를 기울이겠다는 비언어적 표현이 된다. 어른과도, 아이와도 항상 눈을 보고 말을 주고받으려 노력한다. 눈을 보며 들어야 상대의 이야기에 집중하고 있음을 표현할 수 있다. 눈을 보며 말해야 나의 이야기를 경청하고 있음을 표현할 수 있다. 하지만 어렵다. 눈을 맞추기도 어렵고, 이야기를 끝까지 듣기도 어렵다. 늘 세상은 바쁘게 돌아가고, 시간에 쫓기는 부모나 교사는 자기 마음에 아이의 마음을 둘 자리를 찾지 못한다. 따라서 대화보다 지시나 명령을 내리기 쉽다. 부모도 교사도 마음을 나눌 타인이 필요하다. 다른 관점으로 타인을 바라볼 기회가 필요하다. 좋은 책과 좋은 미디어로 다른 관점을 경험할 기회가 필요하다고 나는 생각한다.

곁에 아무도 없는 아이들

해가 갈수록 아이들 가르치는 일이 힘듭니다. 그 이유가 바로 '관계의 결핍'이 아닌가 저는 생각합니다. 아이들 곁에 부모님이 없습니다. 좋은 물건을 사주고, 좋은 학원에 보내주어도 아이의 이야기에 귀를 기울이는 부모님은 적습니다. 바쁘니까요. 부모로서 어떻게 해야 하는지 배운 적도 없고, 배울 곳도 없고, 배울 사람도 없으니까요. 친척 간의 왕래도 뜸해졌고, 층간소음으로 이웃 간 갈등이 잦은 공동주택 거주비율이 50%가 넘은 사회에서 이웃 간 교류도 자취를 감춘지 오래되었거든요.

아이들 곁에 친구가 없습니다. 1학년 1학기부터 학교폭력의 뜻, 학교폭력의 유형, 학교폭력에 따른 처벌을 배워요. 나를 제외한 우리 반 모든 친구의 말과 행동을 학교폭력이냐, 아니냐로만 판단하는 법부터 배우는 거예요. 아이들에게 우정이 낯섭니다. 가까이 두고 오래 사귈만한 벗이 되는 법을, 벗을 만나는 법을 가르쳐주지 않아요. 학교폭력실태조사는 법에서 강제하고 실적이 되지만, 우정을 가르치고 경험케 하는 건 아무도 알아주지 않거든요.

아이들 곁에 선생님이 없습니다. "애들 가르치는 게 뭐가 힘드냐"는 어른은 많아도 성장기 아이들이 보이는 발달의 차이를 이해하는 어른은 없습니다. 발달에 영향을 미치는 수많은 변인이 있는지도 몰라요. 그들은 이미 어른이 되었으니까요. 아이들을 만나는 교사의 목소리는 교육에 반영되지 않습니다. 수천 개의 법률과 시행령, 조례 등이 학교도 모르게 만들어지고 공람된 공문으로 시행을 알립니다. 해야 할 업무들은 생노병(生老病)만 있고 사(死)는 없어요. 업무는 생기기만 하고 사라지지 않거든요. 결국 업무하느라 아이들에게 기울일 관심이 줄어드는데 학교 밖 사람들은 아무도 관심이 없죠. 그래서 교직이 힘든 것 같습니다.

미국에서 사람들이 부러워하는 것은 상대방이 소유한 것과 무관합니다. 더 중요한 것은 그 사람이 겪은 특별한 과정과 그 과정에서 그 사람이 치른 대가, 분투와 노력입니다.

⋯ 『미국의 민주주의를 읽다』 217쪽

상대적 박탈감에서 벗어나기 좋은 문화. 그보다 더 중요한 건 분투와 노력으로 어려움을 극복할 수 있는 사회를 만드는 일. 분투와 노력 없이 아무것도 소유할 수 없는 사회를 만드는 일이 아닌가 생각하게 된다.

자비로 북유럽 교육연수를 떠난 적이 있었다. 복지국가로 유명한 스웨덴에도 노숙자가 있었다. '그러면 그렇지, 스웨덴이라고 별수 있어?'라고 생각했지만, 우리가 생각하는 노숙자와는 달랐다. 그들은 잘 씻고, 잘 먹었다. 잘 잤다. 안내해주신 분에 따르면, 국가에서 제공하는 카드로 해결한다고 했다. 처음에는 '아니, 사지 멀쩡한 사람이 아무것도 안 하는데 의식주를 해결해준다고?'라고 생각하다가, '사람은 누구나 아무것도 하지 않고 의식주를 해결하며 사회에 기대어 사는 삶을 선택하지 않겠구나'라는 생각이 들었다(물론 2019년 이후 난민이나 불법체류자의 급증으로 상황이 달라지기는 했다).

가난한 사람은 게으를 것이라는 생각은 편견이다. 가난한 사람들은 의식주를 위해 건강을 희생한다. 잠을 줄여가며 일을 하고, 건강식을 따질 겨를 없이 배를 채운다. 사람과의 만남을 멀리하며 시간을 마련하고 돈을 아낀다. 분투와 노력으로도 아무것도 소유할 수 없는 사회여서 절망하는 것이다. 소득의 재분배는 소리 내지 못하는 이들이 서서히 사그라들지 않도록 지키는 힘이다. 이웃에게 빌린 돈을 갚아달라는 유서를 남기고 세상을 떠난 어느 작가, 어려운 가정 형편에 먹지도 못하고 전단지를 돌리다 열사병으로 목숨을 잃은 청년 등 사람의 생명이 그저 신문의 단신 기사로 쓰이고 지워진다. 분투와 노력만으로 건강한 삶을 살 수 있다는 희망을 실현시키는 일이 교육이 헛되지 않음을 아이들에게 보여주는 증거가 아닐까.

감정은 의미다. 감정은 내수용성 변화와 이에 따른 정동적 느낌을 상황과 관련시켜 설명한다. 개념을 실행하는 뇌 체계들은, 내수용 신경망과 통제 신경망 같은 체계들은 의미 구성의 생물학적 매커니즘이다.

… 『감정은 어떻게 만들어지는가』 243쪽

———•◦•———

자극에 의미를 붙여 정서로 인식하는 과정에서 우리 뇌의 효율성 추구 경향이 만든 자동적 사고는 과거로 현재를 살게 하게 한다. 따라서 here & now 하도록 돕는 알아차림은 마음챙김(mindfulness)을 통해 이뤄지게 되는 것 같다.

현재에 머무는 행위. 어쩌면 책 읽어주기 같은 활동을 통해 이야기에 몰입하는 과정도 이와 같지 않을까? 청각적 자극을 통한 집단적 정서 공유 경험. 이 책 흥미롭다.

아이가 양손을 주머니에 넣고, 찡그린 표정으로 앉아 있다. 이름을 불러도 대답이 없다. 다시 불러본다. "아, 왜요?"라는 대답이 돌아온다. 아이가 보내는 자극에 어떤 이름을 붙이게 될까? '반항?' '우울?' '고민?' '분노?' 확인해야 알 수 있다. 왜 얼굴을 찡그리고, 불러도 대답을 하지 않을까? 나에게 화가 난 것인가? 이름만 불러도 화낼 일인가? 묻지 않고 혼자 생각할수록 점점 불쾌한 감정에 휩싸인다. 점점 아이의 감정이 내게 밀려온다.

형과 아빠 그리고 아이. 매일 심부름을 시키는 형. 가끔 싸우면 이유도 묻지 않고 형제를 야단치는 아빠. 아빠와 형에 대한 원망을 드러내는 것이 마치 자기 자신을 욕하는 기분이 들어 말하지 않은 아이. 아이의 속사정을 알지 못한 채 아이의 반응에 불쾌해진 교사. 어떻게 해야 교사도 아이도 즐겁게 학교생활을 할 수 있을까?

높은 스트레스에 노출될수록 단기기억과 관련된 해마가 위축되어 기억력이 낮아진다. 시험 불안, 발표 불안처럼 일시적으로 높은 스트레스에 노출되어도 기억이 잘 나지 않듯이. 아마도 그 아이는 마치 자기에게 순종을 강제하듯 대하는 아빠처럼, 아빠와 같은 남자 교사가 사회적 위계에 따라 자신을 부르는 것으로 볼 수 있다. 아이가 왜 화가 나 있는지, 왜 얼굴을 찡그리며 불러도 대답이 없는지 물어봐야 했다. 그제야 알았다. 내 상황과 관련시켜 해석한 정동적 느낌이 틀렸다는 것을. 나에 대한 적대감의 표현이 아니라 어쩌지 못하는 상황에 대한 분노라는 것을.

사람들이 1) 명백히 상황이 만들어낸 행동이지만 성향을 추론한
다는 것, 2) 상당히 중요한 상황 맥락요인을 간과한다는 점, 3)
얼마 되지 않는 성향 관련 정보가 주어질 때도 지나치게 확신하
며 예측한다는 점.

··· 『사람일까 상황일까』 285쪽

성격 이론과 상황 관계를 이해하는 포인트. 이타적인 사람도 급한
일이 있으면 타인의 불행에 주의를 기울이지 못한다. 내향적인 사람
도 외향성을 요구하는 상황에서 외향성을 발휘할 수 있고, 외향적인
사람도 내향성을 요구하는 상황에서 내향성을 발휘할 수 있다. 상황
과 맥락에 따라 사람은 적응하고 적응한 개인은 사회에서 요구하는
성향을 발휘하기 쉽다. 따라서 함부로 티인을 판단하기보다 타인이
걸어온 삶의 맥락을 주의 깊게 살펴보는 것이 섣부른 판단이 가져올
실수를 예방하게 해준다.

검사는 신뢰도와 타당도가 중요하다고 배웠다. 간격을 두고 검사를 해도 일정한 점수가 나오는가, 재고자 하는 것을 재는가, 대략 이 두 가지가 중요하다는 뜻이다. 아이들 사이에 MBTI 검사가 유행인 모양이다. 한 아이가 자신의 성향상 계획을 잘 세우지 않고 즉흥적으로 일을 하는 스타일이라며 자신과 반대 성향인 엄마는 자신을 이해하지 못 할 거라고 말했다고 한다. 얼마 되지 않은 성향 정보만을 근거로 측정한 결과를 지나치게 확신하며 자신의 행동을 예측하는 행위. 마치 사주나 궁합으로 벌어지지 않은 미래를 예언에 맞추어 보려는 불안감 해소 행위와 무엇이 다른지 나는 잘 모르겠다.

인간은 자신을 이해하고 싶어 하고, 미래를 예측하고 싶어 한다. 더구나 피질에 2차 가지치기가 일어나 편도체 의존적이 되는 사춘기 아이들의 불안은 가시적인 신체 발달과 인지 및 정서 발달의 불일치로 더욱 혼돈에 빠지기 쉽다. MBTI는 어린아이들에게 성격이 고정된 것으로 인식시켜 자기를 이해했다고 착각하게 만든다. 사람은 상황과 맥락에 따라 얼마든지 다른 모습을 보일 수 있고, 이전의 자신과 다른 성향을 필요와 동기 수준에 따라 바꿀 수 있는 유연한 태도를 가질 수 있다. 그래서 교육이 필요함에도 오히려 자신들의 이익을 위해 아무것도 모르는 아이의 변화를 가로막는 것이 MBTI의 가장 큰 폐해가 아닌가 생각하게 된다.

이런 게 정치를 하는 이유예요. 자리를 이용해서 힘든 사람을 도울 수 있으니까 말이죠.

··· 『라스트 캠페인』 125쪽

기억해야 할 것을 기억하고 해결해야 할 것을 해결하는 것. 국민으로부터 위임받은 권력을 낮은 출발점에서 시작한 힘없고 약한 사람들을 위해서 쓰기 위해 끊임없이 고민하고 실천하는 정치인. 그런 사람을 길러내는 교육이어야 하지 않을까? 그런 사람들이 만드는 사회를 꿈꾸게 하는 교육이어야 하지 않을까 생각하게 된다.

학교 교육은 수많은 법령에 의해 움직인다. 매년 수십 건의 법률, 시행령, 조례 등의 개정안에 대한 학교 현장 교사들의 의견을 듣겠다는 공람이 온다. 아이들 가르치고 지도하느라 바쁜 교사들은 미처 읽지도 못한 채 지나쳐 버리기 쉽다. 이의를 제기해도 받아들여지지 않는 경우도 많다. 그렇게 법령은 학교 교육을 서서히 옥죄어 온다.

30개가 넘는 위원회, 3000개가 넘는 법 조항을 위반하지 않으려고 조심 또 조심해야 한다. 학교에서 아이들을 위해 고생하시는 분들을 위해 교사와 학생이 모금을 하고 선물을 드리며 감사의 마음이 담긴 편지를 전하는 것은 청렴의 의무를 위반하는 일이 된다. 학교 현장의 요구가 아니라 사회적 판단을 기준으로 학교 교육을 재단하는 것이다.

혁신학교가 되자 학교헌장을 만들어야 한다는 도교육청 장학사의 안내가 있었다. 실제 초중등교육법 제61조 자율학교에 해당하는 모든 학교는 학교헌장을 절차에 따라 만들어야 한다. 학교생활규칙, 학생생활인권규정이 있어도 상관없다. 법이 그렇기 때문이다. 학교의 필요에 의해서 학교헌장을 만드는 것이 아니라 법이 정해놓은 절차를 따라야 하기에 학교헌장을 만들어야 한다. 놀랍게도 우리는 이런 학교를 '자율'학교라고 부른다. 학교의 필요에 의해, 학생 개개인의 상황을 고려하고 그들의 발달을 참작하여 구성하는 교육이 아닌, 학교 밖 사람들의 추측과 판단으로 만들어놓은 법에 따라 교육을 하는 것이 진정 '자율학교'인지 묻고 싶다.

우리에게 평화가 없다면,

그것은 우리가 서로에게 속해 있다는 것을

잊었기 때문이다.

마더 테레사

보고 싶다.

이렇게 말하니까 더 보고 싶다.

너희 사진을 보고 있어도 보고 싶다.

··· '봄날' 방탄소년단

2014년 봄. 나는 안산의 한 초등학교에 있었다. 쉬는 시간에 사고 소식을 접했다. 모두를 구출했다는 소식에 안도의 한숨을 쉬었다. 그러나 곧 구출 소식이 거짓이라는 것이 드러났다. 믿을 수 없었고, 믿기지 않았다. 국가에 대한 배신감은 인간에 대한 불신으로 퍼지는 듯했다. 유가족에 대한 홀대와 비난을 서슴지 않는 인간에 대한 혐오···. 바로 그 혐오를 넘어서는 것이 바로 교육이 해야 할 일이 아닌가 싶다. 보고 싶다···. 아마도 아이들이 바라는 세상··· 보고 싶은 세상이 바로 사람을 신뢰하는 사회가 아닌가 싶다.

2013년 4월 15일. 믿기 힘든 사건이 발생했다. 위기의 순간 가장 전문가인 승무원의 말을 따른 아이들이 잘못된 교육을 받았다며 학교 교육을 욕하는 사람이 많았다. 어이가 없었다. 범죄자를 만나면 경찰에게 도움을 요청해야 한다. 질병에 걸리면 의사의 말을 따라야 한다. 흔들리는 배에서 가장 전문가인 승무원의 지시에 따른 것이 잘못인가. 해마다 행해지는 재난대피 훈련에서 우리는 어떤 교육을 하고 있나. 상황에 따라 개인의 판단에 맡기는가, 아니면 소방대원과 같은 전문가의 지시에 따르도록 하는가. 위급한 상황에 절차대로 승객의 안전을 책임지지 않은 사회의 책임이 아닌가. 과연 사회는 어떤 책임을 졌는가.

세월호 사건 이후 현장체험학습 매뉴얼이 두꺼워졌다. 1박 2일 수학여행을 가려면 작성하고 요구해야 할 공문이 수십 개였다. 그만큼 절차가 까다로워진 것이다. 동료 교사들은 교육부가 내려보낸 두꺼운 매뉴얼을 보고 '체험학습 금지령'으로 해석했다. 그 복잡하고 지난한 절차를 거쳐서 가는 수학여행이라면 안 가는 것이 낫다는 것이다. 학생의 안전을 고려한다면 아동청소년이 다니는 체험학습장의 안전관리를 지자체와 교육부가 책임지고 관리하고, 이 관리 인증을 통과한 곳은 간단한 절차를 통해 체험할 수 있도록 하는 것이 진정한 책임이 아닌가. 그저 사회가 져야 할 책임을 피하기 위해 학교에 더 큰 부담을 주고 친구와의 소중한 추억을 만들고 싶다는 아이들의 바람을 꺾어버린 것이 아닌가.

나는 엄마의 이야기에 귀를 기울이다 이해했다. 너는 인내심을 가지고 너의 삶이 어떻게 펼쳐지는지를 지켜봐야 해. 그건 네 상상을 넘어설 가능성이 아주 높으니까. 그건 여기서 살아남을지 말지의 문제가 아니라, 살아남았을 때 얼마나 아름다운 것들이 기다리고 있을지의 문제였다. 나는 엄마의 말을 믿었다. 엄마가 산증인이었으므로.

… 『디어 마이 네임』 219쪽

이 책을 읽다 보면 알게 된다. 우린 서로의 말을 믿게 된다는 걸. 우리가 바로 산증인이니까. 어떻게 해서든 살고 또 살아서 세상의 아름다운 것들을 하나라도 더 마주하고 가슴에 담도록. 내 인생이란 캔버스에 묻은 지저분한 얼룩조차 내 삶을 빛나게 만드는 점 하나에 불과하도록 함께 만들어가자는 격려의 목소리라는 걸.

『디어 마이 네임』은 성폭력 피해자의 이야기다. 비슷한 또래의 남녀가 어울리는 자리에 저자는 동생과 함께 나가서 즐거운 시간을 보내다 의식이 없는 상태에서 자신이 모르는 타인에게 성폭력을 당한다.

아니 여자가, 늦은 밤에, 정신을 잃을 만큼 취하다니. 여자 잘못이다. 가해자는 촉망받는 선수다. 한 번의 실수로 명문대 운동선수의 미래를 꺾어서는 안 된다. 이것이 가해자 측 태도다.

아니 남자가, 늦은 밤에, 정신을 잃을 만큼 취한 여자를, 함부로 다루다니. 대학과 스포츠계의 명예를 실추시켰다. 이것이 사회의 태도여야 하지 않을까.

피해 여성이 어떤 삶을 사는지 본 적도, 들은 적도 없었다. 이 책은 성폭력 피해자가 겪은 고통을 가감 없이 드러낸다. 너무 고통스러워 몇 번을 멈추었는지 모른다. 내가 판사라면 모든 성폭력 가해자에게 이와 같은 책이나 미디어를 접하게 하고 감상문을 쓰게 하고 싶다. 자신이 저지른 잘못이 타인을 어떻게 불행으로 몰고 갔는지 읽고, 생각하고, 느끼고, 경험하게 해주고 싶다.

"백호군… 미안하네…. 자네 몸의 이상은 바로 알았네…. 알고 있으면서도 자넬 바꾸지 않았지. 아니, 바꾸고 싶지 않았어. 자꾸 자꾸 성장해가는 백호 군의 플레이를 보고 싶었기 때문이야. 난 지도자로서 실격일세. 조금만 늦었어도, 난 평생을 후회하며 살아갔을 거네."

"영감님의 영광의 시대는 언제였죠? 국가대표였을 때였나요? 난… 난 지금입니다."

…『슬램덩크』 31권, 17~19쪽

───────

군자삼락(君子三樂). 천하의 영재를 얻어서 교육하는 것이 군자의 즐거움이라는 맹자의 이야기. 중학생 시절 『슬램덩크』를 보며 자랐다. 수많은 명장면이 있지만, 나에게 가장 인상 깊은 장면은 바로 여기다. 천방지축인 강백호가 농구선수로서 룰을 지키며 성장해가는 모습을 지켜보는 안 감독과 감독의 기대가 아닌 자신의 의지로 경기에 임하는 강백호. 자신의 의지로 코트에 서는 바로 지금이야말로 자신에게 가장 영광스런 순간이라 말하는 이 장면에 나는 늘 가슴이 뛰었다.

보이지 않는다. 사람의 마음은. 알기 어렵다. 인간의 가능성은. 교육은 그 보이지 않고 알기 어려운 사람의 마음을 들여다보고, 알기 어려운 인간의 가능성을 알아주는 것에서 시작한다. 아무도 보지 못하는 사람의 가능성을 보아주는 것. 그 가능성이 가설에 그치는 것이 아니라 검증된 유의미한 가능성임을 입증하는 일이 바로 교육이 아닌가.

이른 아침 저 너머 떠오르는 태양을 바라보는 것만으로 뭉클함이 밀려올 때가 있다. 구름 한 점 없는 하늘을 보며 마음이 맑아질 때가 있다. 따뜻한 차 한 잔이 목을 넘어갈 때 온몸에 온기가 퍼짐을 느낄 때가 있다. 아무도 없는 집에 들어선 순간 달려오는 반려견의 흔들리는 꼬리에 웃음 짓게 될 때가 있다. 오랫동안 준비한 시험에서 좋은 결과를 얻어서 하늘을 날아오를 듯할 때가 있다.

한 글자도 쓰지 못하던 아이가 자신이 하고 싶은 말을 한 바닥이나 쓰는 모습을 보게 될 때, 수업 시간에 아무것도 하지 않던 아이가 쉬는 시간까지 풀지 못한 문제를 푸는 모습을 보게 될 때 느끼는 감정은 오로지 타인의 성장을 위해 애쓰는 사람만이 느낄 수 있는 즐거움이 아닐까. 부모와 교사 그리고 지도자가 느낄 수 있는 공통의 감정이 아닐까. 그래서 군사부일체가 아닌가 생각하게 된다.

청소년들은 신경학적으로 볼 때 성숙한 결정을 내리는 능력이 성인에 비해 떨어지고, 성인보다 더 취약하다. 반면 10대의 높은 가소성이 갱생의 성공 가능성을 높이는 데 도움을 준다.

"청소년들은 성인기로 접어들어 어린 시절의 충동성과 무모함이 진정되면서 반사회적 행동도 잦아든다. 청소년의 범죄행위는 나쁜 인격을 반영하는 깊숙한 도덕적 결함에서 나온다기보다는 위험한 행동을 통한 실험 행위의 결과로 생기는 경우가 많다."

… 『10대의 뇌』 300~301쪽

청소년의 범죄행위는 위험한 행동을 통한 실험 행위의 결과로 생기는 경우가 많다. 타인을 불행에 빠뜨리는 위험한 행동이 아니라 자신과 타인을 행복으로 이끄는 실험 행위로 이끈다면 어떨까? 미성숙한 또래보다 성숙한 타인과 함께 할 수 있도록 도와주는 일. 학교라는 공간에서 보다 나은 사람과 서로의 생각을 주고받게 하는 일이 해결책이 아닐까? 4·19도, 5·19도, 6월 항쟁도 전부 청소년기 청년에 의해 촉발되지 않았나? 그런 의미에서 가장 위험한 시기가 가장 성장이 기대되는 시기라는 것에 나는 깊이 동의한다.

사람은 사람에게 영향을 미친다. '맹모삼천지교'라는 말은 사람을 둘러싼 사람이란 환경의 중요성을 가리키는 말이다. 어릴 때는 부모가, 학교에 가면 교사가, 사춘기가 되면 또래가 중요해진다. 물론 부모와 교사 모두 아이에게 영향을 미친다. 다만, 영향을 미치는 무게 중심이 옮겨가는 것이다. 애착 대상이 옮겨가는 것이다. 학령기 이전 부모와 안정적인 관계 경험을 바탕으로 아이를 둘러싼 사회가 확대되어 간다. 우리 가족에서 교사로, 친구로 넓혀져 간다. 다른 가족 문화에서 살아온 타인과 교류가 이어진다. 타인과의 교류를 통해 세계에 대한 내적 모델을 수정, 보완해가는 것이다.

우리 뇌에는 뉴런이란 신경세포가 있고, 약 1,000억 개의 신경세포는 각각 시냅스를 통해 연결된다. 시냅스는 흥분성 시냅스와 억제성 시냅스로 나뉜다. 성인은 아동청소년에 비하여 억제성 시냅스의 비율이 훨씬 높고, 아동청소년은 흥분성 시냅스의 비율이 훨씬 높다. 아이들의 뇌 가소성이 높은 이유가 있는 것이다. 사람과 사람의 마음을 이어주는 방향으로 나아갈 것인지, 아니면 사람과 사람 사이를 갈라놓는 방향으로 나아갈 것인지는 아동청소년기에 결정될 가능성이 훨씬 크다는 뜻이다. 배운 것으로 모두의 행복을 위해 애쓰도록 이끄는 것이 공교육의 목적이 아닐까.

잘못된 것을 알면서 그대로 받아들이는 것은
마치 그에게 같은 잘못을 계속하도록
도와주는 것과 같다.

요한 볼프강 폰 괴테

실제로 사람을 만나 교류하는 시간은 줄어들었고, 온라인에서 관계를 맺는 시간은 늘어났다. 그러다 보니 공감 능력을 개발하고 인간관계의 기술을 갈고 닦기는 더욱더 어려워진다. 다른 여느 기술과 마찬가지로 공감 능력도 양질의 관심을 통해 습득된다. 스마트폰을 봐야 해서 외부로의 관심이 자꾸 차단된다면 타인의 감정이나 관점은 결코 이해하지 못하게 될 것이다. 사람들과의 교류는 수박 겉핥기처럼 표면으로만 겉돌고 계속 자기 자신에게로 되돌아오면서 진정한 관계는 전혀 맺지 못한다. 군중 속에 있어도 사실상 혼자다. 사람은 그저 하나의 도구가 된다. 인연을 맺는 도구가 아니라 불안을 달래주는 도구 말이다.

··· 『인간 본성의 법칙』 87쪽

정신문명의 발달이 물질문명의 발달을 따라잡기 어려울 것이라는 아놀드 토인비의 말이 생각난다. 도시화가 될수록 가족의 수도 줄었고, 이웃 간 교류도 줄었으며, 친척 간 왕래도 줄었다. 사람과 사람 사이의 만남이 크게 줄어든 반면 온라인을 통한 접촉(SNS)이 늘었다. 인터넷망 너머의 타인과 맺는 관계가 늘어나는 건 결국 사람과의 만남이 결핍된 사회의 욕구가 드러난 모습이 아닐까 나는 생각하게 된다.

사회적 배제는 엄청난 고통을 불러온다. 있는 그대로의 존재로 인정하지 않는 사회. 내가 속한 사회에서 배제되는 느낌은 신체적 고통을 일으킨다는 연구가 있다. 집단 따돌림, 직장 내 괴롭힘, 가정폭력…. 타인을 하나의 존재로 온전히 인정하지 않는 사회에서 일어나는 범죄다. 남들이 정해놓은 사회적 고정관념에 부합하지 않음을 가슴 아파하며 자기 삶을 부정하거나 함부로 다루게 만드는 경우가 많다.

지구상에 똑같은 유전자를 가진 쌍둥이조차 서로 다른 인생의 경로를 걷는다. 똑같은 삶을 사는 사람이 없다는 건 자기다운 삶을 살아가는 것이 옳다는 뜻이 아닐까. 자기다운 삶을 사는 이들이 함께 어울려 살아가는 사회를 만드는 것이 바람직하다는 뜻이 아닐까. 자신도 모르는 자기다운 삶을 찾아서 살아가도록 응원하고 격려하고 지켜봐 주는 사람이 필요한 것이 아닐까. 모두가 같은 목적으로 살아가고 있음을 확인시켜 사회적 배제가 아닌 모두의 공존이 가능함을 느끼게 해주어야 하지 않을까. 결국 사람 곁에 사람이 필요하지 않은가.

듀이 박사는 이렇게 말했습니다.

"인종이 다른 사람들이나 피부색이 다른 사람들을 너그럽게 봐
주는 듯한 그저 수동적인 관용을 기르기 위해 우리 학교는 지금
무엇을 하고 있느냐고 묻는 것이 아니라, 민주주의 사회에서 빼
놓을 수 없는 이해와 선의를 기르기 위해 적극적으로, 긍정적으
로, 건설적으로 우리 학교는 지금 무엇을 하고 있느냐고 물어야
한다."

… 『인간교육을 위한 새로운 흐름』 104쪽

다문화 교육의 핵심은 다른 문화, 다른 인종, 다른 국가의 사람들을
이해하려는 노력을 넘어서서 그들과 함께 연대하고 함께 살아가는
실천에 있다고 생각하는 이유. 문화, 인종, 국가라는 울타리를 넘어
서 한 인간으로서 마주하고 살아가는 사회를 만드는 교육이어야 한
다고 생각하게 된다.

일본인 어머니를 둔 아이, 중국인 부모를 둔 아이, 베트남인 어머니를 둔 아이 등 교사가 아니고서 만나기 힘든 여러 아이를 교실에서 만난다. 통학구역에 거주하는 아이라면 누구나 학적에 기록하고 학생으로 받아준다. 학교에서 만난 아이들은 여느 한국 아이와 다르지 않다. 아니다. 그저 부모가 외국인인 아이일 뿐이다. 자신의 국적과 다른 아이들이 다수인 초등학교에 다녀야 하는 나이 대의 아이들. 아이들은 자신이 친구들의 부모와는 다른 부모와 살고 있음을 알고 있다. 부모가 자신에게 하는 말과 사람들이 주고받는 말이 다르다는 걸 안다. 타인과 유사함에서 오는 심리적 편안함이 아니라 집단과 다르다는 점에서 오는 불편함을 먼저 느끼는 것이다.

다른 문화와의 차이를 가르치고 기억하라는 건 마치 수십 가지의 유의사항에 주의를 기울이며 물건을 사용하라는 것과 같은 부담을 준다. 누군가와 만날 때 조심해야 할 것을 기억하느라 한 인간으로서 마주하고 함께 살아가는 법을 잊어버리게 만드는 것은 아닌가 생각하게 된다. 유사성 다음에 특별함을, 우리 모두 똑같은 지구인이라는 인식 다음에 개개인의 독특함에 주의를 기울이는 배려를 하도록 하는 것이 더 낫지 않을까?

인간에게는 '노인에 대한 혐오'가 있는데, 이는 '젊은이의 교만'입니다. '병자에 대한 혐오'가 있는데, 이는 '건강한 사람의 교만'입니다. '죽은 사람에 대한 혐오'가 있는데, 이는 '살아 있는 사람의 교만'입니다. (중략) 석존은 이 '차이에 대한 집착'을 사람의 마음에 꽂힌, 보이지 않는 '하나의 화살'이라고 표현했습니다. 바로이 '차이에 대한 집착'이 자기 생명의 영역을 스스로 작게 만들고, 막아버립니다. 지금의 자기로밖에 살 수 없게 만듭니다. 어느누구나 늙고 병들고 죽습니다. 그 점을 생각한다면, 현대인이 이렇게까지 늙음과 병과 죽음을 외면하는 한, 자신의 미래를 스스로 닫고 부정할 수밖에 없게 되고 맙니다.

… 『행복을 향한 지침』 346~347쪽

지금의 작은 자기에 머무르게 만드는 혐오.
자기 생명의 영역을 더 넓고 깊게 확장시키는 것이 교육이라면
교육은 이 혐오를 다루어 인간이 가진 교만으로부터
벗어나도록 이끌어야 한다고 생각하게 된다.

사람도, 동물도, 물건도, 건물도, 지구도, 은하도 생사를 거치는 것 같다. 가늠할 수조차 없는 시간이 지난 언젠가 지구는 사라진다. 지구가 위치하는 은하도 사라진다. 지구를 먼지로 만들어 바닥에 먼지를 하나씩 떨어뜨릴 때까지 얼마의 시간이 걸릴까. 그 오랜 시간 속에서 한 인간이 태어나 늙고 병들어 죽는 시간의 비율은 얼마나 될까. 우주의 입장에서 인간의 삶은 그야말로 찰나가 아닌가.

　모든 사람은 병이 든다. 늙는다. 죽는다. 아무도 피할 수 없다는 공통점이 있다. 직업, 학력, 성별, 나이, 국적, 종교, 인종 등의 차이와 상관없다. 잘 늙고, 병 따위에 지지 않으며, 죽음의 순간이 다가와도 후회 없이, 부끄럼 없는 삶을 사는 것이 더 중요하지 않을까. 온갖 차이에 집착하며 나와 남을 구별하는 데 시간을 쏟느라 자신이 기대어 사는 타인의 삶을 함부로 여기는 어리석음을, 타인이 기대어 사는 자신의 삶을 가벼이 여기는 잘못을 저질러 자신과 타인 모두를 부정하지 않도록 해야 하지 않을까.

Generally, the number of classroom rules needs to be kept to a minimum. Most experts suggest around five(Canter and Canter, 1992 : Rodgers, 1998). (교실 규칙 수를 최소한으로 유지할 필요가 있다. 대부분의 전문가들은 약 5가지 정도를 제안한다)

… 『Positive Psychology for Teachers』 6~7쪽

―――――― • ――――――

그래서 우리 반은 두 가지 원칙만 제시한다.

1. 도덕적일 것 – 지금 내 옆에 있는 이에게 선을 베푸는 말과 행동인가, 아닌가.
2. 노력할 것 – 자신이 가진 가능성을 키우기 위해 노력하는가, 포기하는가.

간단하지만 보편적인 원칙은 기억, 이해, 적용, 평가가 쉽고 공통의 원칙에 대한 지속적인 피드백은 자신의 삶을 대하는 태도로 만드는 토대가 될 것이라 생각하므로.

학교, 군대, 직장과 같은 사회에 첫발을 디딘 이들은 긴장하기 마련이다. 새로운 사회에서 지켜야 할 규칙이나 암묵적인 구성원 간 룰의 존재 여부를 확인하고 따라야만 소속감을 느끼고 집단에 융화되기 때문이다. 지켜야 할 규칙이 복잡다단할수록 실수하기 마련이다. 사람은 누구나 높은 긴장 상태에서 받는 스트레스로 평상시보다 낮은 수행 능력을 보이기 때문이다. 반면 경력이 쌓일수록 조직 내 규칙이 익숙해지고 점차 자신의 능력을 발휘한다. 의식하지 않아도 몸이 반응할 만큼 개인은 사회에 적응하기 때문이다.

사회는 집단의 일부가 새로 들어온다. 기존의 구성원은 신입이 거치는 과정을 겪었기에 이해할 수 있다. 그러나 학교는 다르다. 전부 신입이다. 아이마다 인지, 정서 발달이 다르다. 학년 초 아이들이 받는 스트레스에 따라, 개인이 가정에서 경험한 스트레스의 정도에 따라 개인차가 크다. 낯선 타인이 한자리에 모여 생각과 느낌을 나누고 학급의 규칙을 만든다. 규칙이 복잡다단할수록 타고난 인지가 낮거나 높은 스트레스에 노출된 아이들이 초기 적응에 실패할 가능성이 크다. 모두가 합의한 규칙을 지키지 못할 가능성이. 아이들의 성공적인 학교생활 적응을 위해서라도 지나치게 복잡한 규칙을 만들고 따르도록 강요하는 일은 다시 생각해 보아야 할 것이다.

모든 아이를 위한 교육

통합학급을 자주 맡았습니다. 특수아동과 일반아동을 한 교실에서 같이 가르치는 학급을 통합학급이라고 해요. 특수아동은 '개별화 교육 협의회'라는 것을 합니다. 학생 개개인의 특성에 맞추어 학교와 가정이 함께 논의하여 아이를 보다 깊이 이해하고 그에 맞는 교육을 하자는 것이지요. 그래서 개별화 교육 협의회에 특수아동의 부모와 통합학급 교사 그리고 특수 교사가 한 자리에 모입니다.

어느 날 이런 상상을 해봤어요. 모든 아이를 위한 개별화 교육 협의회를 하면 어떨까 하는 상상이요. 1학년 입학부터 6학년 졸업할 때까지 학기마다 1회씩 학부모와 교사 그리고 여러 전문가가 한자리에 모여 학생 개개인을 위한 교육을 위해 협의를 하는 거죠. 지금처럼 형식에 불과한 신체검사나 건강검진이 아니라 발달 시기에 맞게 시력, 청력 등 다양한 감각기관의 발달과 균형감, 심폐지구력, 근력, 골밀도 등을 자세히 살펴서 조기에 문제를 발견하고 필요한 조치를 취하는 거예요.

이와 같은 논의를 통해 부모와 교사는 아이에 대한 종합적이고 전문적인 이해를 하게 되고, 이해를 바탕으로 보다 나은 양육과 교육을 위해 어떤 노력을 해야 하는지 의견을 나눌 수 있겠죠. 그러려면 지금의 학교 구조를 크게 바꾸어야 합니다. 업무 중심의 학교 교육이 아니라 그야말로 학생 중심의 업무로 패러다임을 바꾸는 거죠. 그것이 모든 아이를 위한 교육이고, 모든 부모를 위한 교육이 아닌가 저는 생각합니다. 지금은 아니어도 언젠가 제 꿈이 이루어지는 날이 오면 좋겠습니다.

지금 한 번! 지금만 한 번, 마지막으로 또 한 번! 순간은 편하겠지. 근데 말이야, 그 한 번들로 사람들은 변하는 거야. 영업정지? 다시 오픈하면 돼. 그딴 거 별일 아닌 거야.

… JTBC 드라마 〈이태원 클라쓰〉 3화, 박새로이의 대사 중에서

십팔사략에는 진나라 양진의 사지(四知)가 나온다. 아무도 모르게 뇌물을 바치려는 사람에 대하여 양진은 당신과 나, 하늘과 땅이 알고 있는데 어찌 아무도 모른다고 말하느냐고 질타하고 뇌물을 거부한다. 아무도 없는 곳에서 아무 할 일도 없을 때 무엇을 하느냐로 사람의 인격을 가늠할 수 있다는 스승의 말씀이 생각난다. 나는 내 삶을 어떻게 만들어갈 것인가는 바로 저 장면에서 물러서지 않을 때가 아닌가 생각한다.

아무도 없을 때, 아무 할 일이 없을 때 무엇을 하는가? 나 혹은 남이 어떤 사람인지 알게 하는 질문. 아무도 없는 공간에서 아무 할 일도 없는 내가 하는 말과 행동을 누가 알까라고 생각하는 자신은 잘 알고 있다. 먹고 남은 음료수 병을 잘 보이지 않는 곳에 몰래 두고 가는 사람, 남의 집 문을 몰래 열고 들어가는 도둑, 직장 상사나 동료 몰래 공금을 횡령하는 사람 모두 해서는 안 되는 일임을 알면서도 잘못을 저지른다. 이들은 자신의 잘못을 알아챈 사람들 앞에서 거짓말을 한다. 잘못을 저지른 자신을 사람들이 싫어할 것임을 알기 때문이다. 사회적 바람직성이 드러나는 장면이 아닌가 싶다. 자신이 다수가 어울려 사는 사회에서 지켜야 할 바람직한 행동의 범주에서 벗어나는 행동을 하지 않는 사람이라는 것을 타인에게 말하고 싶어 거짓말을 하는 것이다. 자신은 믿을만한 사람이라고.

불일치. 겉과 속이 다른 자신임을 가장 잘 알기에 불안하다. 스스로를 불안한 삶으로 내몰기에 불행해진다. 자신을 속이고, 남을 속이다 자신의 진짜 모습을 잃어버린다. 잃어버린 자아를 찾기 위해 치장을 하지만 감출 수 없다. 자신의 말과 행동으로, 마음을 드러내는 눈빛과 표정으로, 자신을 둘러싼 사람들과의 관계로 드러나기 마련이다. 잘못을 저지를 수는 있다. 저지른 잘못을 인정하기는 어렵다. 자신을 지켜보는 자아를 속이지 않고 살기는 더 어렵다. 사람다운 사람이 되는 길이 이토록 어렵다. 그 어려운 것을 해내는 한 사람, 한 사람으로 키우기 위해 교육과 양육이 존재한다고 나는 생각한다.

명나라 철학자 왕양명이 쓴 〈전습록〉에 이런 구절이 있다. 왕양명에게는 쉽게 화를 내고 남을 잘 나무라는 친구가 하나 있었다. 그를 지켜보던 왕양명이 친구에게 주의를 주며 말한다.

"배운다는 것은 자기 자신을 돌아본다는 걸세. 그저 남을 책망하기만 하면 남이 잘못한 부분만 보고 자기가 그르다는 점을 못 보게 되지. 만약 자네를 돌이켜볼 수 있다면 자신의 부족한 부분이 허다하게 많이 보일 테니, 남을 책망할 겨를이 어디 있겠는가? 앞으로는 남의 시시비비를 논하려 들지 말게. 남을 책망하거나 비판해야 할 때를 만나면, 그것을 자신의 커다란 사사로움으로 간주하여 없애도록 하게."

··· 『괜찮은 사람이 되고 싶어서』 42쪽

남을 험담하느라 자신의 성장이 멈춘 사람이 되지 말라는 뜻. 모범을 보이는 것이야말로 타인에게 영향을 미치는 유일한 방법이라는 아인슈타인의 말이 생각나는 글. 그래서 아이들과 이렇게 주고받는다. "지적은 선생님의 일, 모범은 학생의 일"이라고. 물론, 나 역시 모범이 먼저라는 걸 잊지 않으려 노력한다.

'뒷담화.'

뒤에서 하는 험담을 가리키는 말로 나는 읽는다. 그렇다. 칭찬이 아니다. 긍정심리학자들에 따르면, 건강한 인간이 경험하는 부적정서와 정적정서의 비율은 1:3~1:12 정도라고 한다. 생각해보면 부적정서 1이 정적정서 3~12를 감당할만큼 강력한 힘을 가진 것이 아닌가 싶다. 그래서 부정적 사건이나 정서가 긍정적인 것보다 더 강력한 영향을 미치는 보편적 경향성인 부정성 편향(negativity bias)이 존재하는 것이 아닐까 싶다.

아이나 어른이나 험담은 익숙하다. 셋 중 하나만 빠져도 남은 둘이 험담을 할까 무섭다는 사람들의 이야기는 어쩌면 부정성 편향에 취약한 인간의 본성 때문이 아닌가 싶다. 누군가의 노력을 칭찬하고, 살아온 과정을 응원하고, 지금껏 버텨온 삶에 감사하는 일은 어렵다. 나 이외의 타인의 삶에 관심을 기울이고, 기울인 관심을 지속해야 하기 때문이다. 더구나 부정성 편향이라는 본능을 억누르고 타인의 장점이나 노력에 시선을 두려는 이성의 힘을 키워야 하기 때문이다. 남을 칭찬하고 격려하고 응원할수록 남에게서 배우게 된다. 남에게 배울수록 자신이 훌륭해진다. 남을 위해 밝힌 불이 내 앞도 밝혀준다. 칭찬이라는 모범을 보이려고 애쓰는 이유다.

지적 장애는 감정과 관련하여 장애가 없다는 것을 깨닫는 것이 특히 중요하다. 지적 장애는 거부, 괴롭히거나 조롱하는 것에 의해 쉽게 상처받는다. 마찬가지로, 지적 장애는 사랑과 수용에 따뜻하게 반응한다. 이는 각자 사회적으로 잘 적응하는 구성원이 될 기회가 더해지는 어린 시절에 특히 더 중요하다.

··· 『심리학: 능동적 모듈학습』 297쪽

깊이 동의한다. 나와 같은 동등한 인격체로 대하는 경험을 가정은 물론 학교에서 경험해야 한다. 성인기 이전에 특히. 중요성을 따지자면 영아기 > 유아기 > 아동기 > 청소년기일 것이다. 우리 뇌의 가소성이 나이 들수록 점점 낮아지고 있으니.

지적 장애가 있는 아이도 자율성이 있다. 스스로 해내고 싶어한다. 책도 읽고, 글도 쓰고, 수학 문제도 풀고, 과학 실험도 하고 싶어 한다. 다만, 뜻대로 되지 않아 답답할 뿐이다. 하기 싫어서도, 알기 싫어서도 아니다. 하고 싶지만 할 수 없고, 알고 싶지만 알 수 없다는 무력감. 그 무력감에서 벗어나도록 할 수 있는 만큼, 할 수 있을 때까지 알려주고 기다려주기를 바란다. 모든 아이의 내면에 스스로 해내려는 힘이 있다는 것을 알아주는 것이 어른이 해야 할 일이 아닌가 싶다.

지적 장애가 있는 아이도 유능성이 있다. 해내고 싶어 한다. 어제보다 오늘, 오늘보다 내일 조금 더 나아진다. 멀리 있는 타인은 알 수 없는, 가까이에서 지켜본 사람만이 알 수 있는 작고 작은 성장을 알아채 주는 일. 그 작은 성장을 알아주고, 성장을 위해 애쓴 노력이 헛되지 않았음을 알려주는 일. 단 한 명 아이의 노력도 놓치지 않고 관심을 기울이는 일이야말로 사소하지만 위대한 일이 아닌가 생각한다. 그 위대한 일을 하는 모든 부모와 교사에게 경의를 표하는 이유다.

Ainsworth는 아이들이 맛보고, 냄새 맡고, 느낄 수 있어서 아이 삶의 모든 측면을 풍요롭게 하려는 시도이나, 이는 매우 침습적이라고 하였다. Ainsworth의 메시지는 단순하고 자연스럽다. 모든 아이들은 정서적, 인지적 추동을 위한 욕구가 부모의 유용성과 반응성을 필요로 한다. 그러나 아직 우리의 문화는 이 메시지를 흡수하지 못하고 많은 부모들은 아이의 IQ를 높이는 데 자신을 희생하거나, 좋은 학교에 돈을 지불하기 위해 늦게까지 일한다.

… 『Becoming Attached』 27장 'Avoidant Society' 중에서

아이의 움직임에 적절히 반응하는 것이 최고임. 지능을 높인다고 학습에 안달을 내거나 좋은 학교 보내려고 돈을 버느라 아이들 곁을 떠나는 것이 오히려 잘못임. 아이들 곁에 부모를 돌려주는 일, 친구를 돌려주는 일, 교사를 돌려주는 일보다 아이들을 위한 일은 없다. 교육 정책은 이 점에 초점을 두어야 한다고 생각한다.

아무도 없는 집에 혼자 들어가는 아이. 적막한 집이 무서워 TV를 켜거나, 이어폰을 귀에 꽂고 노래를 듣는다. 혼자 있다면 자신을, 동생이 있다면 동생을, 반려견이나 반려묘가 있다면 동물을 돌봐야 한다. 돌봄은 돌봄 대상에 대한 이해와 공감이 필요하다. 자신에 대한 이해도 낮은 아이가 자신 혹은 자신보다 약한 존재를 돌보는 환경에 꾸준히 노출되는 사회. 공감피로, 돌봄소진이라는 말이 있을 만큼 누군가를 돌보는 행위는 힘들다. 남성 대다수가 양육을 여성의 몫으로 돌리는 이유도, 많은 여성이 결혼과 출산을 피하려는 이유도 여기에 있다고 생각한다.

눈을 맞추고 내 생각을 정리하며 말로 표현하고, 타인의 말을 듣고 마음을 헤아리는 일을 누구와 얼마나 했는가. 얼마나 제때 적절한 반응을 경험했는가. 아이를 둘러싼 사람 중 가장 가까운 사람, 집 밖의 세상에서 돌아와 마음 편히 마주할 사람, 집 밖을으로 나서도 나를 알아주고 함께하는 사람이 존재한다는 안정감. 그것이 좋은 사회이고, 좋은 학교가 아닐까. 아이들에게 사람과 마주할 시간이 가장 필요한 것이 아닐까. 우리나라 청소년 사망원인 1위가 자살이라는 통계를 보며 아이들이 가장 원하는 것은 바로 사람이 아닌가 생각하게 된다.

아무것도 변하지 않을지라도
내가 변하면 모든 것이 변한다.

오노레 드 발자크

타이니는 우리의 주의를 끌기 위해 수시로 대화에 끼어들고, 진찰대 위의 서류를 사납게 찢어발기는가 하면, 진찰대에서 뛰어내려 서랍을 열어젖히고 속에 든 것들을 닥치는 대로 꺼냈다. (중략) 타이니는 구석에 쪼그리고 앉아 두 손으로 얼굴을 가린 채 증조할머니의 빗발치는 매질에서 제 얼굴을 보호하고 있었다. (중략) "아동보호 서비스가 이 아이를 길러주지는 않아요. 아이를 기르는 건 나라고요. 바르게 행동하도록 애를 가르쳐야 해요. 안 그러면 결국 제 엄마처럼 감옥에 들어가고 말테니까." 그녀는 타이니가 바른 길에서 벗어나지 않게 하려고 자신이 배운 수단에 의지하고 있었다. 역설적인 사실은 코라의 의도와 달리 그런 구타는 타이니가 엄마와 조부모처럼 될 가능성을 더욱 키우는 신경화학물질을 타이니 몸속에 폭포처럼 쏟아낸다는 점이다.

… 『불행은 어떻게 질병으로 이어지는가』 160~161쪽

타이니와 같은 아이가 정말정말 많다. 교사들 역시 타이니의 조부모와 같은 선택을 하게 될 가능성이 크다. 학대 혹은 방임. 부모가 학대 혹은 방임을 한다면 교사는 방임을 할 가능성이 크다. 학교가 필요한 이유이자, 교육이 필요한 이유이며, 교사에게는 교과 전문성보다 발달에 대한 이해가 우선해야 한다고 생각하는 이유이기도 하다.

무엇이 바르게 행동하는 것일까. 때려서라도 아이의 잘못된 행동을 수정해야 할까. 아니 인간의 행동을 때려서 고칠 수 있을까. 때리는 사람이 없다면 원래의 모습이 드러나지 않을까. 그렇다면 때리는 사람에게 의존하는 것은 아닐까. 잘못을 막아서는 사람이 없어서 잘못을 저질렀다면 어떤 답을 할 수 있을까. 때려서라도 가르치는 것이 진정 교육인가.

많이 만났다. 타이니와 같은 아이를. 그저 하지 말라고 했을 뿐이다. 이유를 묻지 않았다. 알려고 하지 않았다. 그저 수업을 방해하고, 친구들을 위험에 빠뜨리는 아이로만 여겼다. 부모가 바뀌지 않으면 아이도 바뀌지 않으니까. 교사로서 할 수 있는 일은 다른 아이들을 저 아이로부터 지켜내는 것뿐이니까. 부모처럼 살지 않겠다고 하면서도 부모처럼 살게 된다. 상대를 좋은 방향으로 이끌려는 목적이라면 폭력을 행사해도 된다는 인식이 뿌리를 내리기 때문이다.

따라서 다른 경험이 필요하다. 폭력이 아닌 대화라는 훌륭한 방법이 있다는 경험이. 아이가 스스로를 남과 사이좋게 지내고 싶고, 잘 하고 싶고, 스스로 하고 싶어 하는 사람이라는 걸 깨닫도록 이끌어주는 것이 부모나 교사가 없어도 바르게 행동하도록 가르치는 방법이라고 나는 생각한다.

니가 옆에서 계속 지켜봤잖아.

니가 제일 잘 알아. 그 환자분에 대해서.

그럼 니 판단을 믿고 더 싸웠어야지.

치열하게 고민하고, 치열하게 환자 봤으면 치열하게 싸워.

그래야 환자 살려.

… tvN 드라마 〈슬기로운 의사생활〉 4화, 채송화 대사 중에서

━━━━━━━ ·●· ━━━━━━━

착한 드라마를 좋아한다. 뻔해 보이는 대사가 많지만, 막상 드라마처럼 어려운 상황에 처했을 때 배우의 현명한 대응이 기억나지 않는다. 대사는 말이고, 말은 생각의 경로를 따라간다. 가장 가까이에서 지켜보고 고민하며 환자의 질병 관련 정보를 찾아보았을 후배 의사는 선배 의사의 주장에 물러선다. 나도 물러선 적은 없었나? 나에게 같은 상황이 벌어지면 맞서 싸울 수 있을까? 나도 저렇게 해보고 싶다는 마음이 들게 하는 드라마를 나는 좋아한다. 좋은 사람을 가까이하고 싶듯이 좋은 드라마도 가까이 두고 곱씹어 보고 싶으니까.

가까이 두고 오래 사귄 벗을 우리는 친구라고 한다. 한 아이를 가까이에서 오래 지켜보는 사람이 또 있다. 바로 부모와 교사다. 아이에게 큰 영향을 미치는 세 집단이 바로 친구, 부모, 교사이다. 가장 아이의 발달에 대한 전문성을 가진 집단은 바로 교사다. 임용 전 학부 시절부터 임용 후 각종 연수까지 전부 아이에 대한 공부다. 왜, 무엇을, 어떻게 가르칠 것인지 배운다.

개인이 작성한 논문이 공신력을 얻으려면 교차검증을 거쳐야 한다. 다른 전문가들의 검증을 거친 후 수차례 수정 보완을 거쳐야 하나의 논문이 탄생한다. 교사의 전문성 역시 교차검증이 필요하다. 아이에 대한 교사의 이해가 적절한지 다른 전문가의 검증을 거쳐야 한다. 따라서 동료 집단의 의견 교환이 필요하다. 지도가 어려운 아이의 상황을 공유하고 의견을 나누어야 한다. 논의가 실현되려면 아이를 둘러싼 집단 간 소통이 필요하다. 교육의 3주체라 불리는 교사, 학생, 학부모가 한 자리에 모여 아이의 건강한 성장을 위해 어떤 노력을 하고 있는지, 무슨 도움이 필요한지 논의해야 한다. 모든 아이를 대상으로 한 학기에 한 번, 개별화 교육협의회를 한다면 기초학력신장도, 학교폭력예방도 가능할 것이라는 상상을 하게 된다. 어려운 현실에 물러서지 않는 지켜봐주는 사람 사이의 연대를 통해.

내 손녀가 학자의 꿈을 가지게 될지 지금은 알 수 없다.
만일 그런 열망이 있다면 손녀에게는 장벽이 없기를 바란다.
··· 『내가 만난 여성 과학자들』 8쪽

사람들이 말하는 수많은 과학자가 주로 남성이었다는 걸 예전에는
몰랐다. 남성 과학자와 달리 여성 과학자들은 가사와 양육을 병행하
며 업적을 쌓아왔다는 걸 이제야 알게 되었다. 학문적 업적은 남성
이 우수할지 몰라도 인간으로서의 삶은 여성이 더 빛나지 않을까 생
각하게 된다. 저자가 말한 대로 내 딸, 우리 반 여학생, 아니 모든 여
성에게 가사양육이 자기실현의 장벽이 되지 않는 사회를 만드는 데
모든 남성이 함께 노력하는 미래를 꿈꾼다.

뉴턴, 아인슈타인, 파인만, 칼 세이건…. 유명한 과학자들의 이름을 언뜻 떠올려 보면 생각나는 여성 과학자의 이름이 거의 없다. 책을 읽어도 주로 언급되는 건 남성들이다. 상담이나 심리학을 배울 때도 남성이 주를 이루었다. 윌리엄 제임스, 프로이트, 융, 로저스…. 먼저 생각나는 이름은 역시나 남성이었다. 교육학도 비슷했다. 존 듀이, 피아제, 루소, 비고츠키 등…. 유아교육학을 선도한 몬테소리의 교육방법이 인지심리학자들의 적극적인 지지를 받고 있음에도 여전히 유아에 한정되어 인식하고 있는 이유도 어쩌면 그가 여성이어서가 아닐까 싶은 생각도 해보게 된다.

　『내가 만난 여성 과학자들』이란 책을 읽으면서 가사 양육을 병행하며 이루어낸 이들의 업적이 더 대단해 보였다. 아이를 키우고 남편을 뒷바라지하면서도 자신의 본업에서 이뤄낸 성취라니. 현실의 슈퍼우먼이 바로 이들이 아닐까. 이들 모두 가사양육을 함께 하는 남편과 살았다면 어땠을까? 이 훌륭한 인재들의 학문적 성취가 진일보하지 않았을까? 인류의 발전을 위해 남녀를 가리지 않고 서로의 자기실현을 위해 노력하는 것이 남성과 여성 모두를 위한 일이 아닌가. 그것이 남녀 모두 과거의 선배 과학자보다 훌륭한 삶을 살아내는 것이 아닐까 생각해본다.

한 사람의 존엄은 그 사람을 함부로 대하는 타인에 의해서만 다치는 것이 아니다. 우리가 우리 스스로를 함부로 대할 때에도 존엄성은 상처를 입는다.

… 『존엄하게 산다는 것』 73쪽

따라서 스스로를 존중하는 태도를 가르치는 것과 타인을 존중하는 태도를 동시에 가르치는 것이 중요하다고 생각한다.

– 나는 내가 가진 가능성 혹은 잠재력을 발휘하기 위해 이 순간 최선을 다하고 있는가
– 나의 생각과 말과 행동은 도덕적인가

나를 소중히 여기는 태도와 타인을 소중히 여기는 태도를 함께 가르치는 이유이자, 아이들을 야단칠 때의 원칙을 이 두 가지로 한정하는 이유이다.

내뱉는 말마다 욕설이고, 하는 행동마다 타인의 사적인 영역을 함부로 드나드는 사람이 있다. 자신이 하는 말과 행동이 자신의 정체성을 만든다. 끊임없이 남을 비난하는 데 몰두하는 사람은 타인에게 칭찬과 격려를 건네는 것이 어색하기 짝이 없다. 자신이 만든 정체성에 깊이 물들어 있기 때문이다. 내뱉는 말이 욕설이라면 욕하는 사람이 된다. 살아가는 시간의 대부분을 욕하는 행동으로 채우는 것이다. 얼마나 많은 이에게 욕설을 내뱉는가. 얼마나 많은 이의 가슴에 상처를 입혔는가. 타인을 함부로 대하는 자신이 곧 자신의 존엄성에 깊은 상처를 남긴다.

자신의 존엄을 지키는 방법은 무엇일까? 타인의 존엄을 지키려 애쓰는 것이 아닐까. 자신의 가슴에 타인의 존엄까지 품을 줄 알아야 하지 않을까. 타인의 존엄까지 품을 줄 안다는 것은 무엇일까. 함께 성장하려는 사람이 아닐까. 함께 성장하는 사람이란 어떤 사람일까. 만나고 싶은 사람, 이야기하고 싶은 사람, 같이 무언가를 해보고 싶은 사람이 되어야 하지 않을까. 상대의 장점 혹은 노력한 점을 알아주고 이를 일깨우고 키워주는 사람이 되어야 하지 않을까. 그것아 자신은 물론 타인을 소중히 여기는 법이 아닐까.

마치며

나는 어떤 사람일까? 나는 어떤 교사일까? 어제의 나와 오늘의 나는 같은 사람일까, 다른 사람일까? 어제의 나와 오늘의 내가 다르다면 무엇이 달라졌을까? 나는 어떤 삶을 살아가고 있을까? 무엇을 통해 내가 나를 비춰볼 수 있을까? 나는 나를 어떻게 설명할 수 있을까? 어떻게 해야 내 삶을 온전히 비춰볼 수 있을까?

TV나 영화를 보고, 노래를 듣고, 책을 읽을 때마다 이입해본다. 다른 사람의 시선으로 세상을 보고, 타인의 관점으로 나를 돌아본다. 내가 모르는 세상이 있다는 걸 알게 된다. 내가 아는 세상이 전부가 아니고, 내가 아는 지식이 이미 폐기된 과거의 것임을 깨닫는다. 세상은 해가 갈수록 빠르게 변화하고 학문은 진보하며 기술은 일상을 편하게 만들고 있다.

하지만 과거에도, 지금도, 앞으로도 변하지 않는 것이 하나 있다면 '모든 인간은 어떻게 살아야 하는가?', '무엇을 위해 살아야 하는가?'와 같은 삶의 의미를 찾는 것이 아닐까 나는 생각한다. 여러 매체를 통해 타인의 관점을 접하며 나 외의 다른 사람들은 어떻게 살아가는지, 무엇을 위해 살아가는지 알게 된다. 그들의 이야기를 통해 나는 어떻게 살아야 하는지, 무엇을 위해 살아야 하는지 생각하게 된다. 타인의 삶이 나를 비추는 거울이 되어주는 것이다.

하루에 한 번씩 타인의 삶에 나를 비춰보는 글쓰기. 그 작은 기록들을 하나하나 들춰보며 나는 어떤 문장에, 어떤 말에, 어떤 이야기에 귀를 기울였는지 알게 되었다. 어떤 문장이 내 마음 밭에 놓인 무지와 편견과 어리석음이라는 굵은 자갈을 골라내고 나는 어떤 씨앗을 심어왔는지 알게 되었다. 수년 전 함께 박사과정을 공부하던 선생님이 나에게 인간주의 상담을 하는 로저리안 같다고 한 적이 있었다. 상담자가 아닌 교사로서 나는 어떤 이론을 실천하는 사람인가 생각해보았다.

나는 어떤 이론을 실천하는 교사일까? 사실 누구도 묻지 않았다. 나는 어떤 사람이고, 무엇을 위해 살고 있으며, 어떻게 살고 있는지는커녕 교사로서 어떤 이론을 바탕으로 아이들을 만나고 있는지 아무도 궁금해하지 않았다. 오직 나만이 궁금했을 뿐이다. 사람들의 말과 글에 관한 매일의 글쓰기를 통해 내 삶에 귀 기울이는 오늘이 쌓이고 쌓여 나는 긍정심리학을 만나고 여러 이론을 바탕으로 교실에서 아이들과 일상을 나아가고 있다.

비고츠키도 좋고, 프레이리도 좋고, 공자도 좋다. 앞선 시대를 살아간 여러 학자의 철학이나 이론에 귀 기울여야 한다는 말에 깊이 동의한다. 하지만 그들은 그들의 시대를 살아간 선생일 뿐이다. 지금 아이들 옆에 존재하는 건 바로 나이고 당신이다. 그동안 써온 글을 묶어서 읽어보니 교사로서, 아니 한 인간으로서 내가 지향하는 삶의 모습이 보이는 것 같아 신기했다. 훌륭한 학자들의 삶이 아니라 바로 나 자신의 삶. 아마 글그릇을 마무리하는 이즈음 여러분의 삶이 보다 선명하게 제 모습을 드러내지 않았을까 싶다.

나와 당신이 어떤 사람이고, 무엇을 위해 어떻게 살고 있으며, 어떤 이론을 바탕으로 아이들을 만나고 있는지 귀 기울여 보자. 오늘도, 내일도, 모레도. 그 매일 매일의 경청이 우리가 어떤 사람인지, 어떤 삶을 살아야 하는지 보여줄 것이라고 나는 믿는다. 아이들 곁에서 어떤 모습으로 살아가고 있는지 돌아보는 우리를 공자를 비롯한 수많은 교육계 선배들이 응원하고 지지하고 격려하리라고 나는 믿는다. 우리 함께 자신의 삶에 귀 기울이는 오늘을 살아가기를 마음을 다해 다짐하고 기원한다.

참고 문헌

시작하며

Bolton, G., Howlett, S., Lago, C., & Wright, J. K.(Eds.) (2004). Writing cures. NY: Brunner Routledge.

Csank, P. A., & Conway, M. (2004). Engaging in self-reflection changes self-concept clarity: On differences between woman and men, and low-and 54 high clarity individuals. Sex-roles, 50(7/8), 469-480.

Dewey, J. (1933). How we think. Boston D. C.: Health and company.

1. 『당신이 생각만큼 생각을 잘하지 못하는 이유』 42~43쪽, 앨런 제이콥스 지음, 김태훈 옮김, 코리아닷컴
2. 『긍정심리학』 133쪽, Steve R. Baumgardner, Marie K. Crothers 지음, 시그마프레스
3. 『Gratitude in Youth: Past, Present, and Future Applications』 발췌, Samantha Bausert & Jeffrey J. Froh, Hofstra University
4. 『소설 신인간혁명』 23권, 71~73쪽, 이케다 다이사쿠 지음, 화광신문사
5. 『나의 아들은 페미니스트로 자랄 것이다』 71~74쪽, 오렐리아 블랑 지음, 허원 옮김, b.read
6. 『마음챙김의 인문학』 318쪽, 임자헌 지음, 포르체
7. 『사이코패스 뇌과학자』 143쪽, 제임스 팰런 지음, 김미선 옮김, 더퀘스트
8. tvN 〈유퀴즈 온 더 블럭〉 44회, 꼬마 시민 인터뷰 중에서
9. 『우리는 왜 잠을 자야 할까?』 214~218쪽, 매슈 워커 지음, 이한음 옮김, 열린책들
10. '꿈이라는 건' 신성우 작사, 신성우 · 이근상 작곡
11. 『감정을 선택하라』 264쪽, 크리스 코트먼 · 해롤드 시니츠키 지음, 곽성혜 옮김, 유노북스
12. 『인간의 강점 발견하기』 380쪽, Shane J. Lopez 지음, 권석만 · 정지현 옮김, 학지사
13. 『옳고 그름』 218~219쪽, 조슈아 그린 지음, 최영호 옮김, 시공사
14. 『아동 및 청소년 상담』 189쪽, Deanna s. Pledge 저, CENGAGE Learning
15. 『건강하게 나이 든다는 것』 205쪽, 마르타 자라스카 지음, 김영선 옮김, 어크로스
16. 『몸은 얼굴부터 늙는다』 95쪽, KRD Nohombashi 메디컬 팀 지음, 황혜숙 옮김, 갈매나무
17. 『우먼카인드』 13호 32쪽, 작가 셰릴 스트레이드 씀, 바다출판사
18. 『마음의 오류들』 68~69쪽, 에릭 켄델 지음, 이한음 옮김, RHK
19. 영화 『힐빌리의 노래』
20. 『죽은 자의 집 청소』 154쪽, 김완 지음, 김영사
21. 『공정하다는 착각』 350쪽, 마이클 샌델 지음, 함규진 옮김, 와이즈베리
22. MBC 〈놀면 뭐하니?〉 24회, 아코디언 연주자 심성락님의 이야기
23. 『여자, 뇌, 호르몬』 117쪽, 사라 매케이 지음, 김소정 옮김, 갈매나무

24. 『우울할 땐 뇌과학』 249쪽, 앨릭스 코브 지음, 정지인 옮김, 심심

25. 간디학교 교가 '꿈꾸지 않으면', 양희창 작사, 장혜선 작곡

26. 『수업』 96쪽, 김용택 · 도종환 · 이순원 · 이승우 · 양귀자 지음, 황소북스

27. 『식사에 대한 생각』 217쪽, 비 윌슨 지음, 김하연 옮김, 어크로스

28. 『사람은 어떻게 생각하고 배우고 기억하는가』 73쪽, 제레드 쿠니 호바스 지음, 김나연 옮김, 토네이도

29. 「뉴필로소퍼」 12호, 11쪽

30. JTBC 드라마 〈눈이 부시게〉 12화 중에서

31. 『사회심리학』 381쪽, 로버트 치알디니 · 더글러스 켄릭 · 스티븐 뉴버그 지음, 김아영 옮김, 웅진지식하우스

32. 『인간의 내밀한 역사』 82쪽, 시어도어 젤딘 지음, 김태우 옮김, 어크로스

33. 『미국의 민주주의를 읽다』 217쪽 발췌, 양자오 지음, 조필 옮김, 유유

34. 『감정은 어떻게 만들어지는가』 243쪽, 리사 펠드먼 배럿 지음, 최호영 옮김, 생각연구소

35. 『사람일까 상황일까』 285쪽, 리처드 니스벳 · 리 로스 지음, 김호 옮김, 심심

36. 『라스트 캠페인』 125쪽, 서스턴 클라크 지음, 박상현 옮김, 모던아카이브

37. '봄날' 방탄소년단

38. 『디어 마이 네임』 219쪽, 샤넬 밀러 지음, 성원 옮김, 동녘

39. 『슬램덩크』 31권, 17~19쪽, 다케히코 이노우에 지음, 대원씨아이

40. 『10대의 뇌』 300~301쪽, 프랜시스 젠슨 · 에이미 엘리스 넛 지음, 김성훈 옮김, 웅진지식하우스

41. 『인간 본성의 법칙』 87쪽, 로버트 그린 지음, 이지연 옮김, 위즈덤하우스

42. 『인간교육을 위한 새로운 흐름』 104쪽, 이케다 다이사쿠 · 짐 개리슨 · 래리 히크먼 지음, 매일경제신문사

43. 『행복을 향한 지침』 346~347쪽, 이케다 다이사쿠 지음, 화광신문사

44. 『Positive Psychology for Teachers』 6~7쪽, Jeremy Swinson & Alex Harrop, Routledge

45. JTBC 드라마 〈이태원 클라쓰〉 3화, 박새로이의 대사

46. 『괜찮은 사람이 되고 싶어서』 42쪽, 임자헌 지음, 나무의철학

47. 『심리학: 능동적 모듈학습』 297쪽, Dennis Coon & John O. Mitterer 지음, CENGAGE Learning

48. 『Becoming Attached』 27장 'Avoidant Society: Cultural Roots of Anxious Attachment', Robert Karen 지음, Oxford University Press

49. 『불행은 어떻게 질병으로 이어지는가』 160~161쪽, 네이딘 버트 해리스 지음, 정지인 옮김, 심심

50. tvN 드라마 〈슬기로운 의사생활〉 4화, 채송화 대사 중에서

51. 『내가 만난 여성 과학자들』 8쪽, 막달레나 허기타이 지음, 한국여성과총 교육출판위원회 옮김, 해나무

52. 『존엄하게 산다는 것』 73쪽, 게랄드 휘터 지음, 박여명 옮김, 인플루엔셜